온통 상처투성이의 땅 대한민국을 위로할 말은 무엇일까?
상처 하나하나를 어루만지고 쓰다듬어 낫게 하는 일뿐이다.
끝없이 이어지는 탐욕으로 스러져가는 생명에 대한 위로는 무엇일까?
내 몸과 마음을 다독이며 자연에 대한 예의와 염치를 갖추는 일이다.
상처의 기록이며 처방의 기록을 깊이 더듬어 읽어야 하는 까닭이다.
_**박그림** 녹색연합 공동대표

입으로는 녹색 세상을 외치며 머리로는 '핏빛 안락'을 좇는 인간들.
감각의 제국에 진정한 생명평화란 무엇이며 어디에 있는가.
기후 악당 한국에 던지는 마지막 물음들.
_**김택근** 시인. 작가.《새벽 : 김대중 평전》저자

우리는 기후위기가 환경 문제를 넘어 모두의 삶에 관한 이야기이자
각 국가와 정부들의 중심정책과제가 되는 시대에 살고 있다.
하지만 안타깝게도 한국은 녹색 전환의 시대가 무색하게 지금도
석탄화력발전 건설이 계속되고, 가덕도 신공항 프로젝트만을 위한 법안이
졸속으로 통과되는 등 여전히 시대 역행적인 모습들이 발견된다.
이 책은 지금 이 순간 우리 사회의 곳곳에서 '낡은 회색'과
'미래의 녹색'이 어떻게 충돌하는지를 생생하게 보여주고 있다.
불확실성의 시대에 우리가 어디로 가야 하는지를 알려주는 시의적절한 책이다.
_**김병권** 정의당 정의정책연구소 소장.《기후위기와 불평등에 맞선 그린뉴딜》저자

진정한 '푸른 새로운 출발'에 대한 국민적 염원이 점점 고조되고 있다.
아무리 외면, 부정, 지연시키려 해도 가야 할 방향은 하나이다.
바로 생태적인 문명이 되는 길뿐이다.
이 책으로 함께 첫발을 내디뎌보자.
_**김산하** 영장류학자. 생명다양성재단 사무국장.《살아있다는 건》저자

집에 불이 났다. 서까래에 붙었다. 놔두면 대들보에 번질 기세다.

식구라면 무슨 일을 서둘러야 하나? 수소자동차를 타고 핵발전소를 지으면
위기로 치닫는 기후변화가 완화될까?

석유로 짓는 농업과 공장식 축산의 문제를 파악하지 못하는 자원순환은
언감생심이다.

화력발전소와 공항을 새로 지으며 탄소중립을 외치는 모순은
가까스로 극복할 코로나19 이후에 어떤 감염병을 치명적으로 불러들일까?

30년 이상 나무를 잃어 생물다양성까지 잃을 산하의 생태계는 기상이변에
속절없이 무너질 텐데, 녹색 성장이라는 신기루는 후손을 막다른 골목으로
몰아간다.

탄소 배출 없는 경제 성장 없고, 경제 성장에 후손의 행복은커녕 생존도 없다.
성장에 매몰된 삶을 근원에서 돌이켜야 한다.

불붙은 우리의 집, 지구에서 대한민국의 다음 세대가 행복을 잃지 않으며
생존하려면 우리는 당장 무엇을 파악하고 어떤 행동에 나서야 할까?

《대한민국 녹색시계》를 펼쳐보자.

_**박병상** 생물학자. 인천도시생태·환경연구소 소장. 《어쩌면 가장 위험한 이야기》 저자

기후생태 위기와 불평등 위기가 동시에 심화되고 있는 시기.

《대한민국 녹색시계》는 위기의 시간을 멈춰 세우고 되돌리려는 한국사회의 노력이
얼마나 형편없는지를 보여준다. 문재인 정부에게 '과거 정부보다 진일보한 것'을
애써 찾기보다는 '정권과 무관하게' 지속되는 보수정치의 반反생명 정책을
고통스럽게 직시하자. 희망이 있다면 거기서 싹틀 것이다.

_**한재각** 기후정의 활동가. 《기후정의》 저자

그린뉴딜과 신공항으로 본
대한민국 녹색시계

그린뉴딜과 신공항으로 본

대한민국
녹색시계

강수돌 　 이헌석 　 이영경 　 이무진

김현지 　 홍수열 　 이성근 　 오동필

윤상훈 　 지리산산악열차반대대책위

신재은

산현재

차례

마지막 남은 두 시간

강수돌

전 고려대 교수, 텃밭 농부

2020년 세계 환경(위기)시계의 시각은 9시 47분이다. 12시가 되면 지구 멸망이다. 한국의 환경시계는 좀 더 지나친 9시 56분을 가리키고 있다. 이 개념은 1992년 유엔의 브라질 리우 환경회의 이후 세계 100여 국 환경 관련 전문가 2천 명이 참여한 환경위기 설문조사에 토대한다. 1992년 당시 환경시계의 시각은 7시 42분이었다. '나쁨' 상태였다. 그 뒤 채 30년도 지나지 않은 2020년엔 2시간 이상 가버렸다. 이제는 '위험' 상태가 됐다. 그렇다면 2030년이나 2050년엔 과연 몇 시가 될까? 아니, 여전히 우리는 더 초조해진 마음으로 환경시계를 지켜보고 있을까, 아니면 마치 영화 〈설국열차〉의 마지막 장면이나 〈월·E〉의 첫 장면처럼 이미 인류는 멸망의 길로 들어섰고 지구는 재활의 시간을 기다려야 할까?

이 책《대한민국 녹색 시계》는 이런 맥락에서 과연 우리가 '위험' 상태의 대한민국 환경시계를 '정지'시킬 수 있을지, 아니, '보통' 내지 '좋음' 상태로 되돌릴 수 있을지 진지하게 묻는다. 솔직히 말해, 현재 우리가 처한 상황에 대해 조금이라도 깊은 관심이 있는 사람이라면, 그 누구도 이 환경시계의 자동적인 전진을 쉽게 멈추거나 되돌릴 수 있다고 믿진 않을 것이다. '거시적 비관'의 근거다.

그러나 그렇다고 해서 마냥 팔짱 낀 채 '강 건너 불구경'만 할 것인가? 만일 우리가 진정 자유의지와 이성을 지닌 인간이고자 한다면, 언젠가 어쩔 수 없는 최후의 순간이 온다 하더라도 그리하여 인류 종말이 필시 예정되어 있다 하더라도, 일단은 사력을 다해 이 무서운 자동 시계의 전진을 늦추거나 멈추려고 발버둥 쳐야 한다. 진인사대천명盡人事待天命이란 말처럼 그렇게 온 힘을 다했다면 결국 아무 소용이 없더라도 이를 받아들여야겠지만, 최소한 우리에게 '남은 두 시간'이라도 결코 헛되이 쓰거나 오히려 시계의 전진을 가속화하는 어리석음을 범해선 안 될 것이다. 일말의 희망이 있다면, 그것은 우리 대다수가 지혜로운 대처를 함으로써, 최소한 어머니 지구 자체의 복원력만큼은 훼손되지 않게 하는 것이다. 그러기 위해서라도 우리의 위기의식과 책임감을 대다수 구성원이 진지하게 공유할 필요가 있다. 나무와 종이를 희생시켜가며 굳이 이 책을 내는 이유도 바로 여기에 있다. '미시적 낙관' 때문이다.

그러나 이 책을 통해 문재인 정부 아래 진행된 각종 환경정책이나 환경행정들을 비판적으로 고찰하고 대안을 제시한다 하더라도, 새 아이디어들이 제대로 실행될지는 미지수다. 설사 그 제안과 대안들이 충실히 실행된다 하더라도 과연 대한민국의 환경시계가 멈추거나 되돌아갈지는 더 미지수다. '그럼에도' 해야 한다. 큰 소리로 말하고 공감하고 공유하고 확산해야 한다. 우리의 문제의식과 책임의식을.

한편, 이런 질문들에 대한 답도 필요하다. 왜 민주 정부 아래서도 환경 문제는 퇴행의 길을 걷는가? 왜 세계 환경위기시계가 '위험'을 가리키는데도 세계 각국의 정치가, 행정가, 기업가, 그리고 일반 시민들은 위기의식을 갖지 못하는가? 이미 1972년의 로마클럽 보고서 「성장의 한계」가 이런 식의 개발과 성장 패러다임(대량생산-대량유통-대량소비-대량폐기)에 미래가 없다고 경고했는데, 왜 인류는 지난 50년간 아무런 '경로 변경'도 하지 못했던 걸까?

그것은 우선, 코앞의 경제적 이익은 현실인데 지구의 장기적 생존은 먼 미래의 일로만 여겼기 때문이다. "설마 세상이 망하겠어?" 또는 "지금까지 수시로 위기라는 말이 나왔지만, 그래도 어찌어찌해서 진짜 위기나 파국은 막았지." 이런 식으로 생각하며 우리는 늘 문제나 본질을 회피해 왔다.

그렇다면 인류 생존에 근본 토대가 되는 지구(흙, 물, 공기, 생태계 전반)가 갈수록 위기에 빠져듦에도 그것을 현실 문제로 느끼기보다 '코앞의 경제적 이익'만 현실이라 생각하는 까닭은 무엇인가? 그것은 우리 인류 대부분이 '잘살기 경쟁'에 갇혀 현실을 현실로 직시하지 못하기 때문이다. 한마디로, 경쟁 중독에 빠졌기 때문이다. 부자들은 더 부자가 되기 위해, 중간층은 부자로 올라가기 위해, 빈민층 역시 빈곤을 탈피하고 부자 흉내라도 내고 싶어, 오로지 더 많은 돈을 벌어야 한다는 강박증에 빠졌다. 그러니 당장 이익이 되는 것에

강수돌

만 감각이 열리고, 그렇지 않은 것들, 즉 지구의 미래, 이웃의 고통, 참된 삶의 방향 같은 것에는 무감각하게 됐다. 그 결과 지금 이 글의 논조나 취지조차 '비현실적'이라고 여기는 이들도 많을 것이다. 그러나 이 책의 모든 내용은 현실을 현실로 직시하자는 얘기다.

왜 인류 대다수는 (단순히 알코올 중독이나 카페인 중독 등을 넘어) 경쟁 중독, 경제성장 중독, 돈 중독, 일 중독 등 온갖 중독에 빠져들게 되었을까? 이러한 중독의 문제는 윤리적 차원이나 인격적 차원을 넘어선다. 경제적 이익을 위한 경쟁이나 경제성장이 없다면 하루도 지탱되기 어려운 자본주의 시스템 원리가 문제이기 때문이다. 요컨대, 자본주의 자체가 일종의 중독 시스템임을 직시할 필요가 있다. 어째서 그런가?

자본주의란 쉽게 말해, '돈 놓고 돈 먹는' 체제다. 돈을 투자해 더 많은 돈, 즉 이윤을 벌어들이는 시스템이다. 돈을 투자해 땅, 건물, 기계, 원료, 노동력 등 다양한 상품을 산 뒤 소비자에게 팔 새로운 상품을 생산하고, 바로 그 생산된 상품을 팔아 투자한 돈보다 더 많은 이윤(잉여가치)을 얻는 구조다. 여기서 중요한 것은 '투자한 돈보다 더 많은 이윤'이다. 그래야 은행 이자, 건물 임대료, 기계나 원료비, 인건비 등을 모두 치르고도 뭔가 남는 것(잉여)을 얻어, 주주들에겐 배당금을, 사주에겐 이윤을 줄 수 있기 때문이다.

바로 여기에 자본주의의 비밀이 있다. 투자한 가치보다 더 많은 가치를 생산, 획득해야 한다는 강박증, 즉 잉여가치 중독증이 바로 그것이다. 만일 개별 자본이 경쟁에 뒤처져 투자 대비 잉여가치를 얻지 못하면 파산을 면치 못한다. 따라서 한시도 한눈팔 수 없다. 갈수록 경쟁은 치열해지고, 신기술 등 비용은 올라가며, 따라서 잉여가치 획득이 더욱 힘들어진다.

여기서도 자본주의의 딜레마가 작동한다. 한편에서는 갈수록 잉여가치를 더 많이 획득해야 하는 강박증이, 다른 편에서는 갈수록 잉여가치 획득은 힘들어지는 위기가 고조되기 때문이다. 실제로, 살벌한 시장경쟁에서 승리하기 위해서라도 신기술 등 혁신을 가속화하지만, 그렇게 생산성이 올라길수록 그에 비례하여 한 상품 단위 속에 들어가는 인간 노동력의 가치는 줄어든다. 불행히도 이에 비례하여 인간 노동력은 생산과정으로부터 더 많이 배제된다. 급기야 사람이 잉여, 즉 쓰레기로 취급된다. 잉여가치는 더 많이 추구하되, 잉여인간을 더 많이 생산하고 축출하는 게 자본의 본질이다. 이건 결코 허구가 아니라 실화다.

물론 잉여가치를 추구한다고 그대로 실현되는 건 아니다. 가치를 만드는 인간을 축출하면서 더 많은 가치를 얻고자 하는 것 자체가 모순이기 때문이다. 군부 독재가 아니라 민주 정부라도 이 현실을 결코 비켜 갈 순 없다. 그래서 민주 정부에서조차 경제 양극화는 심화한다. 앞서 말한 실화는 민주 정부가 관리하는 자본주의 사회(경쟁, 이윤, 상품, 화폐, 가치를 근간으로 하는 사회 시스템)의 실상인 셈이다.

바로 이 자본축적의 딜레마를 해결하고 더 많은 잉여가치를 얻기 위해 자본이 고안하는 전략들은 무수하고 다양하다. 이 책에서 각기 소상하게 살피는 주제들은 바로 그런 자본 전략들의 일부다. 예

강수돌

컨대, 코로나 위기와 기후위기 상황을 역이용한 디지털·녹색 자본주의의 활성화(그린뉴딜, 농지 태양광, 새만금 태양광), 원전 존속과 해외 수출, 농어촌 공동체 파괴(경주, 광역도시, 도시화), 공장식 대량 축산, 플라스틱 등 화학제품 개발, 공공부문 민영화(사유화), 새로운 인프라 건설(신도시, 신공항, 초고속철, 신항구 등), 자연 파괴를 통한 신상품 개발(4대강 사업, 짚라인, 케이블카, 산악열차, 레포츠타운 등) 등이 바로 그것이다.

그러나 이 전략들이 자본의 축적위기를 극복하게 하면서도 (그 선전이나 광고처럼) 국민의 행복 증진까지 이룰 수 있을지는 극히 의심스럽다. 이 책에 담긴 각 장의 내용들은 이 의구심을 보다 구체적으로 입증한다.

그렇다면, 이 모든 사태에 대한 대안의 실마리는 어디에 있을까? 그 실마리를 찾아내기는 쉽지 않다. 그렇다고 해서 자본이나 권력이 선전, 홍보하는 대로 따라갈 순 없다. '돈 놓고 돈 먹는' 시스템은 그 외적인 팽창의 측면이나 내적인 모순의 측면에서 이제 막다른 골목에 이르렀기 때문이다. 그러나 최소한 우리는, 갈수록 더 많은 돈을 벌어야 행복하게 잘 살 것이라는 '중독 패러다임'을 벗어나야 비로소 새로운 길이 열린다는 통찰에는 공감할 수 있을 것이다. 대안의 실마리는 아마도 바로 그러한 통찰일 것이다.

요컨대, 우리는 사람과 사람, 사람과 자연이 경쟁과 적대 속에 사는 것이 아니라 진심으로 상호 존중하며 더불어 사는 것이 참된 대안임을 안다. 이 책의 각 꼭지들은 단순히 촛불정부의 환경정책을 따져 묻는 데 그치지 않고, 그 이후로도 사람과 사람, 사람과 자연의 '공생 패러다임'을 여는 데 필요한 성찰의 계기를 던진다. 갈수록 더 많은 사람들이 이 진지한 성찰에 진심으로 공감하고 연대한다면, 앞서 말한 세계적 환경(위기)시계가 조금이라도 더 천천히 가거나 (마치 기적처럼) 멈추어 설지도 모른다. 우리의 녹색 시계는 우리에게 남은 시간이 겨우 두 시간뿐이라고 일러주고 있다. 일 분 일 초라도 결코 허투루 살 순 없는 시점이다. 이 마지막 두 시간 동안 우리가 무엇을 어떻게 하는지에 따리 우리가 살아길 미래는 천양지차天壤之差로 달라질 것이다.

강수돌

아침마다 생태뒷간에 똥을 누고 "똥아, 잘 나와 고마워!"라고 인사하고 유기농 텃밭을 일구며 산다. 1981년 서울대 경영학과에 입학, 학업과 민주화 운동을 병행하던 중 돈벌이 경영이 아닌 살림살이 경영을 더 많이 공부하고자 대학원에 진학했다. 인간과 노동 문제를 더 깊이 연구하기 위해 1989년엔 독일로 유학을 떠나 1994년에 브레멘대학에서 노사관계 분야 박사학위를 받았다. 1997년 3월부터 2021년 2월까지 고려대 교수로 학생들을 가르치며 교육-노동-경제-생명의 문제를 패키지로 풀어야 세상이 올바로 바뀐다고 말해 왔다. 기후위기와 코로나 사태 앞에서 '사회가 망했다'며 거시적 비관을 하지만 곳곳에서 진지하게 살아가는 개인들이나 세상을 바꾸려는 운동들이 있기에 미시적 낙관도 갖고 있다. 내일 지구가 망해도 오늘 나무 한 그루를 심는 마음으로 산다.

강수돌

1장

기후위기 대응과 한국판 그린뉴딜 정책

이헌석

정의당 기후에너지정의특위 위원장

파리 협정에 담긴 '1.5℃ 목표'는 지구온난화 이전의 상태로 돌아가기 위한 목표라기보다 '최악의 시나리오'를 막기 위한 선택한 '차악'에 가깝다. 이 목표마저 지키지 못할 경우, 지구 생명 전체 – 특히 여리고 취약한 생물들과 사회적 약자들은 괴멸적 피해를 입게 될 것이다. 단기간에 대규모 재정을 투입해 사회 시스템을 바꾼다는 유럽과 미국의 '그린뉴딜Green New Deal'의 개념은 이렇게 만들어졌다.

1. 기후변화대응-국제사회의 흐름과 한국의 행보

국제사회에서 기후변화 문제에 대한 본격적인 논의가 시작된 것은 1992년이다. 1992년 6월, 브라질 리우데자네이루에서 환경과 개발에 관한 유엔 회의UNCED가 열렸다. 185개국 정부 대표단이 모인 이 회의의 주제는 '인간과 자연환경 보전, 경제개발의 양립'과 '환경적으로 건전하고 지속가능한 개발ESSD'이었다. 이 회의에서 공동선언문인 '리우 선언'과 함께 환경보전 행동계획인 '아젠다21', '생물다양성협약' 등이 채택되었는데, 바로 여기에 기후변화협약UNFCCC이 포함되어 있었다. 이렇게 만들어진 기후변화협약에 한국 역시 1993년 12월 가입했다. 하지만 온실가스 감축 목표를 정한 교토의정서가 1997년 채택될 당시, 한국은 감축의무국에 포함되지는 않았다. 교토의정서는 협약 체결 당시 경제협력개발기구OECD 가입국, 동유럽 국가, 유럽경제공동체EEC에 속한 국가들에게 2012년까지 1990년 대비 평균 5.2%의 감축 의무를 부과했다. 그런데 한국은 1996년 12월에서야 OECD에 가입했기에 의무당사국으로 분류되지 않았다. 같은 해 OECD에 가입한 헝가리와 폴란드는 동유럽 국가로 분류되어 의무감축국으로 포함되었지만, 한국은 이에 해당하지 않아 감축 의무를 부여받지 않은 것이다.

이후 한국에서 온실가스 감축 논의가 활발해진 계기는 2008년 이명박 대통령의 '저탄소녹색성장 선언'이었다. 당시 이명박 대통령은 광복절 축사를 통해 고유가 시대, 에너지 위기 극복방안으로 '저탄소 녹색성장Low Carbon, Green Growth'을 제안했다. 환경파괴를 줄이면서 경제성장을 함께 추진하는 녹색성장은 2005년 유엔 아시아태평양경제사회위원회UNESCAP가 주최한 아시아태평양 환경과 개발장관회의MCED에서 제안된 개념이다. 녹색성장은 경제성장을 추진하는 과정에서 발생하는 기후변화와 생태 문제, 소득 격차 확대 등 여러 문제를 동시에 해결하기 위한 정책으로 OECD나 세계은행 등도 사용하는 전략이다. 하지만 한국에서 '저탄소 녹색성장'은

이헌석

일반적인 녹색성장이 아니었다. 무려 22조 원의 사업비가 투입된 '4대강 사업'을 비롯해서 전국 각지의 대규모 토목공사, 국내외 핵발전소 건설사업, (사업 적자를 통해 공기업 부실을 낳았던) 해외자원개발사업 등이 전부 '녹색성장'이라는 이름으로 이어졌고, 그리하여 시민사회단체들로부터 '고탄소 회색성장'이라는 비판을 받게 된다.

한국 저탄소 녹색성장의 가장 큰 문제점은 정책이 추진되었지만 온실가스 배출량이 오히려 증가했다는 점이다. 온실가스 의무감축국이 아님에도 국제사회에서 '얼리 무버early mover'가 되겠다며 감축 목표를 먼저 발표한 이명박 정부였지만, 결과는 참담했다. 당시 이명박 정부는 2020년까지 배출전망치BAU 대비 30% 수준으로 온실가스를 감축하겠다고 밝혔다. 여기서 배출전망치란 말 그대로 향후 온실가스 배출을 예상한 수치이다. 교토의정서에서는 1990년 온실가스 배출량을 기준점으로 배출목표를 잡고 있지만, 배출전망치를 기준점으로 잡으면 전망에 따라 숫자가 달라질 수 있기 때문에, 이를 기준점으로 잡는 것 자체에 대한 비판이 이어졌다. 온실가스를 줄이지 않더라도 배출전망치를 늘리기만 하면, 마치 온실가스를 줄인 것 같은 착시효과도 거둘 수 있기 때문이었다. 그런데도 이명박 대통령 임기 동안 한국의 온실가스 배출량은 글로벌 경제위기의 여파가 있던 2008년과 2009년을 제외하곤 모두 배출전망치를 훌쩍 넘어버렸다.

박근혜 정부 들어서도 이러한 흐름은 계속되었다. 2015년 박근혜 정부는 2030년 온실가스 감축 목표를 배출전망치 대비 37%를 줄

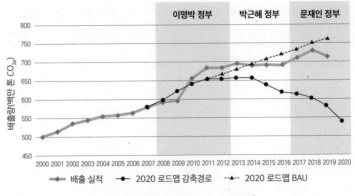

이명박 정부　　박근혜 정부　　문재인 정부

배출량(백만 톤 CO₂eq)

2000 2001 2002 2003 2004 2005 2006 2007 2008 2009 2010 2011 2012 2013 2014 2015 2016 2017 2018 2019 2020

◆ 배출 실적　　● 2020 로드맵 감축경로　　▲ 2020 로드맵 BAU

2020 국가온실가스 감축 목표 대비 실적[1]

이겠다고 발표했다. 숫자상으로는 기존 30%에 비해 7% 포인트나 감축량이 늘어난 것처럼 보이지만, 박근혜 정부의 감축 목표는 이명박 정부에서 발표한 2020년 감축 목표를 2030년까지 그대로 연결한 것이었다. 지켜지지 않았던 목표를 그대로 복제해서 발표한 것이다. 심지어, 이 감축 계획마저도 지켜지지 않았다. 박근혜 정부 내내 한국의 온실가스 배출량은 줄기는커녕 배출전망치 직선을 따라 계속해서 증가했다. 이런 상황을 주시하며 2016년 영국의 기후변화 전문 단체인 기후행동추적CAT은 한국을 '기후변화 해결에 전혀 노력하지 않는 기후 악당'이라고 강하게 비판했다. 느슨하게 설정된 목표, 스스로 정한 그 느슨한 목표도 지키지 않는 한국의 상황에 대한 뼈아픈 지적이 아닐 수 없다.

—
1　관련부처 합동, "제2차 기후변화대응 기본계획", 2019.10을 일부 수정

　　　　　　　　　　　　　　　　　　　　　　　이헌석

2. 문재인 정부의 에너지 정책 변화

그렇다면 현 정부는 이러한 흐름과 얼마만큼 단절되었을까? 문재인 정부에 들어서면서 에너지 정책 변화에 대한 기대감은 높았다. 후쿠시마 핵발전소 사고와 미세먼지 문제 등으로 인해 국민의 탈핵, 탈석탄에 대한 요구가 높아진 것이다. 이에 부응해 2017년 6월, 문재인 대통령은 고리 1호기 영구정지 행사에서 '계획 중인 신규 핵발전소 건설 중단, 노후 핵발전소 수명연장 중단, 재생가능에너지 확대'와 같은 새로운 정책을 발표했다. 당시 선거 공약사항이기도 했던 '신고리 핵발전소 5, 6호기 건설 중단'에 대해서는 결국 건설 추진이 결정되었지만, '재생가능에너지 2030 계획'을 통해 태양광과 풍력발전 등 재생가능에너지 비중을 2030년까지 20%까지 늘린다는 계획을 추진했다. 문재인 정부의 에너지 정책은 이전 정부들의 정책에 비해 분명 진일보한 것이지만, 기후 악당 국가, 에너지전환에 뒤처진 국가라는 비난을 벗어나기에는 역부족이었다.

반면, 국제사회는 기후변화를 막기 위해 더 발 빠르게 움직였다. 시민사회와 언론을 중심으로 '기후변화'라는 기존의 표현을 버리고 '기후위기' 혹은 '기후재난' '기후재앙' 같은 새로운 용어를 쓰기 시작했다. 긍정과 부정의 의미를 모두 담고 있는 기후변화로는 현재의 긴박한 상황을 표현할 수 없었기 때문이다. 위기 상황이라는 것을 명확히 전달하지 않고 문제를 풀 수 없다는 것이다. 유효 기간이 만료된 교토의정서 또한 한발 더 나아갔다. 북대서양 국가들에만 부과되었던 의무를 모든 국가로 확장하고 목표를 강화한 파리 협정이

2015년 체결되었다. 파리 협정의 목표는 지구(표면) 평균온도 상승 폭을 산업화 이전 대비 2℃ 이하로 유지하고, 더 나아가 온도 상승 폭을 1.5℃ 이하로 제한하기 위해 함께 노력한다는 것이다. 막연하게 온실가스를 감축해야 한다는 것이 아니라, 인류 공동의 목표를 분명히 정한 것이다.

파리 협정이 체결되자 세계 각국은 온실가스 감축 목표를 '탄소중립'[2]에 맞추었다. 탄소 순배출 제로라고도 불리는 탄소중립은 피치 못할 온실가스 배출량을 흡수량과 상쇄시켜 탄소 순 배출량을 '0'으로 만든다는 목표를 뜻한다. 농업 부문처럼 온실가스 배출이 불가피하게 생기는 부문이 있어서 탄소중립을 이루기 위해서는 다른 부문상의 화석연료 사용을 완전히 줄여야 할 것이다. 2018년 기후변화에 대한 정부 간 패널IPCC은 기후변화협약에 제출한 「1.5℃ 특

—

2 Carbon neutrality. Net Zero라고도 한다. 번역어로는 직역을 한 단어인 '탄소중립'이 널리 사용되고 있다. 그러나 '중립中立'은 어느 세력에도 치우치지 않고 중간적 입장을 지킨다는 뜻으로, 'neutralize', 즉 기존에 나타난 어떤 것의 효과가 무화됨의 상태인 'neutrality'를 제대로 지시하지 못한다. 탈탄소사회로의 이행이라는 맥락에서 사용되는 neutrality의 실질적 뜻은 '중화中和(다른 성질을 가진 것이 섞이어 각각 제 특성을 상실하게 되거나 그 중간의 성질을 띠게 됨) 또는 '중화 상태'라고 할 수 있다. 단 한 번의 오역이 검증 없이 사회의 언어로 널리 통용되었을 때 어떤 사태가 보여주는지 적나라하게 보여주는 사례라 할 만하다. 따라서, 이제라도 '중립'이라는 단어를 버리고 '넷제로'를 상용하는 편이 차라리 낫다고 할 수 있다. 그러나 이 모든 점에도, 이 책에서는 우리 사회에서 통용되고 있는 '탄소중립'이라는 용어를 그대로 사용했음을 밝힌다. 설혹 나쁜 언어라도 언어는 만인의 것이고 만인의 동의 속에서 변형될 수 있기에 그러하다._편집자

이헌석

별보고서」를 통해 파리 협정에서 설정한 1.5℃ 목표를 지키기 위해서는 온실가스 배출량을 2030년까지 2010년 대비 45% 감축하고 2050년까지 탄소 순 배출량을 '0'으로 만들어야 한다고 권고했다. 획기적인 온실가스 감축 정책 없이 1.5℃ 목표를 지킬 수 없다는 것이다.

1.5℃ 목표를 지키기 위한 유엔의 움직임도 발 빠르게 전개되었다. 2019년 10월, 유엔사무총장은 파리 협정의 1.5℃ 목표를 지키기 위해 어떤 행동을 할 것인지를 논의하는 '기후행동 정상회의'를 소집했다. 이에 각국은 강화된 탄소중립 목표를 발표했다. 2016년 이미 법제화를 통해 2030년 탄소중립을 선언한 노르웨이, 기존 2045년 탄소중립 목표를 2035년으로 앞당긴 핀란드, 2050년 탄소중립 목표를 법제화한 영국, 프랑스 등의 발표가 이어졌다. 하지만 한국 정부는 탄소중립 목표에 대해서는 언급을 피한 채, 미세먼지 저감을 위한 '푸른하늘의 날'을 제안했다. 미세먼지 문제와 온실가스 배출은 연관되어 있기는 하지만, 직접적인 연관이 있는 건 아니다. 석탄 사용을 줄이면 미세먼지 사용량이 줄어들지만, 동아시아 지역의 경우 몽골지역 사막화 가속화에 따라 발생하는 미세먼지 양도 상당해서, 둘을 단순히 연결하는 것은 적절치 않다. 기후위기의 심각성을 강조하고 탄소중립 목표를 논의하는 자리에서 정작 중요한 탄소중립 목표는 외면하고 미세먼지 저감을 외친 이 촌극은 한국 사회가 기후위기 대응과 관련한 국제정세에 얼마나 둔감했었던가를 단적으로 보여주고 있었다.

3. 한국판 그린뉴딜 정책

기후행동 정상회의를 전후로 유럽과 미국에서는 그린 딜(그린뉴딜) 열풍이 불었다. 단시간 내에 많은 양의 온실가스를 줄이기 위해서는 대규모 재정투자가 필수적이다. 경제위기 심화에 따라 기후위기와 불평등을 한꺼번에 해소하기 위한 정책의 필요성이 대두되었다. 미국에서는 알렉산드리아 오카시오-코르테즈Alexandria Ocasio-Cortez 민주당 하원의원과 에드워드 마키Edward Markey 상원의원이 공동 발의한 「그린뉴딜Green New Deal 결의안」이 사회적으로 큰 파장을 일으켰다. '그린뉴딜 실행을 위한 연방정부의 의무'를 담은 이 결의안에는 모든 공동체와 노동자를 위한 공평하고 정의로운 전환을 통한 온실가스 무배출 달성, 수백만 개의 양질의 고임금 일자리 창출, 모든 세대가 향유할 수 있는 깨끗한 물과 공기와 기후, 공동체 회복 탄력성, 건강한 음식, 자연 접근성, 지속가능한 환경 보장 등을 담고 있다. 이후 민주당 대선 경선 과정을 거치면서 그린뉴딜 결의안의 주요 내용은 버니 샌더스 후보와 존 바이든 후보의 공약으로 연결되었다. 유럽에서는 유럽연합 집행위원회를 중심으로 「유럽 그린 딜the European Green Deal」 계획이 발표되었다. 2019년 12월 발표된 이 계획에 따르면, 2050년까지 유럽 전체를 세계 최초의 탄소중립 대륙으로 만들고, 이를 구현하기 위한 방법으로 에너지, 산업, 건물, 교통, 식품, 생태계 다양성 등 사회 전 분야를 전환하기 위한 계획을 추진할 예정이다. 온실가스 감축 목표에서는 기존 2030년까지 1990년 대비 40% 감축 목표를 50~55%로

이헌석

상향하는 등 과거보다 더욱 강화된 목표치를 제시했다.

　반면, 한국의 그린뉴딜 계획의 경우 미국, 유럽의 그린(뉴)딜 계획과 발표 시기는 유사하지만, 핵심적인 내용이 빠져 있다. 2019년 미국과 유럽에서 그린뉴딜 정책이 쏟아져 나오자, 한국 정치권에서도 그린뉴딜 정책에 관한 관심이 높아졌다. 2019년 하반기부터 정의당과 녹색당이 2050년 탄소중립 촉구와 함께 그린뉴딜 정책을 발표했고, 2020년 4월, 총선을 거치면서 현 집권 여당 역시 그린뉴딜 정책을 공약으로 내걸었다. 선거 이후 2020년 7월, 코로나19 극복방안으로 정부가 발표한 '한국판 뉴딜' 계획에도 '그린뉴딜'이 포함되었다. 정부는 그린 리모델링, 그린에너지, 친환경 미래 모빌리티 등의 내용을 그린뉴딜 계획에 담았다. 하지만 그린뉴딜 정책에서 가장 중요한 온실가스 감축 정책은 어찌된 영문인지 포함되지 않았다. 온실가스 감축을 위해 그린뉴딜 정책을 추진하는데, 온실가스를 얼마나 감축하는지가 목표로 설정되지 않다니. 정부의 그린뉴딜 정책은 무분별한 토건 공사에 그럴듯한 명분으로 사용되었지만 결국 온실가스 배출량은 증가시켰던 과거 저탄소 녹색성장 정책과 별반 다를 것이 없어 보였다.

　정부의 그린뉴딜 정책을 발표하는 국민보고대회에 현대자동차 수석부회장이 나와 친환경 차 전략을 발표하고, 정부 예산에 전기차, 수소차 보급 확대 예산이 가장 많이 편성된 모습 앞에서 '대기업 중심의 그린뉴딜'이라는 비판은 차라리 자연스러운 것이었다. 온실가스 감축을 위해서는 단순히 화석연료를 사용하는 내연기관 자동차를 전기차나 수소차로 전환하는 것뿐만 아니라, 내연기관 자동차 판매 금지나 대중교통 확대 같은 정책을 통해서 자동차의 총량을 줄이고 자동차 이용률을 줄이기 위한 정책이 함께 추진되어야 마땅하다. 그러나 산업 지원을 이유로 친환경차 보급 정책만 추진되면 내연차와 전기차, 수소차가 모두 증가하여 도리어 온실가스 배출량을 늘리는 사업에 정부 예산이 투입되었다. 대기업 중심의 그린뉴딜 정책 추진으로 사회적 양극화가 심해지는 문제 역시 저탄소 녹색성장 정책과 많이 닮아있다.

온실가스 저감 목표를 둘러싼 논쟁은 이후에도 줄곧 이어졌다. 파리 협정은 모든 국가에 온실가스 감축 목표를 자발적으로 설정하여 이를 정기적으로 보고하도록 하고 있다. 2020년 12월 30일은 유엔기후변화협약 사무국에 2030년 온실가스 감축 목표를 담은 국가온실가스감축목표NDC와 2050년 목표를 담은 장기저탄소발전전략LEDs를 제출하는 시한이었다. 이 제출 시한을 앞둔 2020년 10월, 문재인 대통령은 국회 시정연설을 통해 '2050년 탄소중립' 목표를 선언했다. 이미 중국이 2060년 탄소중립을 선언했고, 일본 또한 2050년 탄소중립을 선언한 이후 문재인 대통령의 발표가 나왔기 때문에, 한국은 서구 유럽과 북미 국가들에 뒤처진 것은 말할 것도 없고 한·중·일 가운데에서도 가장 뒤늦게 탄소중립을 선언한 국가가 되었다.

그런데 2050년 탄소중립 선언이 있었지만 2030년 온실가스 감축 목표에는 전혀 변화가 없었다. 박근혜 정부가 정했던 '2030년까지

이헌석

배출전망치 기준 37% 감축'이라는 목표를 '2017년 기준 2030년까지 24.4% 감축'이라는 목표로 바꾸었을 뿐이다. 그런데 이 두 가지는 표현방식만 다를 뿐, 2030년 온실가스 배출량 목표가 5억 3,600만 톤으로 동일하다. 장기 목표는 강화되었는데, 중기 목표는 변하지 않는 황당한 일이 벌어진 것이다. 이것은 현 정부가 기후위기에 대응하는 듯한 제스처를 취할 뿐, 실질적으로는 기후 위기에 대응하기 위해 기존의 경제·에너지 체제를 수술할 의사는 전혀 없음을 적나라하게 보여준다. 한국의 감축 목표에 대해 유엔기후변화협약은 과거 목표를 그대로 제출했다고 지적하며, 감축 목표를 상향해 다시 제출할 것을 촉구했다. 파리 협정의 1.5℃ 목표를 달성하기 위해서는 이전보다 강화된 감축 목표가 필요한데, 한국의 목표는 과거와 같다는 것이었다.

기후위기 심화에 따라 많은 국가가 온실가스 감축 목표를 상향하고 있다. 미국은 과거 26~28% 수준이던 2025년 감축 목표를 2030년 50~52% 감축으로 상향했고, 일본은 26%였던 목표를 46%로 상했다. 영국은 2030년 온실가스 배출량을 68% 감축하는 방안에 더해 2035년까지 78% 감축 계획을 추가로 발표했다. 하지만 우리 정부는 강화된 2030년 온실가스 감축 목표를 밝히지 않고 있다. 지난 5월 진행된 한미정상회담에서 문재인 대통령은 10월 초 상향된 온실가스 감축 목표를 발표하겠다고 밝혔다. 유엔기후변화협약의 제출시한이 2020년 말이었다는 점을 생각하면, 1년이나 늦게 목표를 발표하는 것이다. 얼마나 감축 목표가 상향될지, 그에 따르는 후속조치가 있을지 여부는 아직 정확히 알 수 없다.

온실가스 감축 목표 강화는 단순히 숫자상 변화만을 의미하지 않는다. 이를 달성하기 위해서는 화석연료 사용을 급격히 줄이는 계획이 함께 추진되어야 하기 때문이다. 이중 가장 큰 변화는 석탄화력발전소의 퇴출이다. 현재 한국에는 70여 기의 석탄화력발전소가 가동 중이다. 이와 별도로 이전 정부에서 허가된 7기의 석탄화력발전소가 현재 건설되고 있다. 현재 건설 중인 석탄화력발전소도 설계 수명까지 가동되지 못하고 조기에 퇴출당하는 '좌초자산坐礁資産stranded asset' 신세가 될 수밖에 없겠지만, 이를 멈추게 할 법제 또한 아직 미비한 실정이다. 무려 70기에 이르는 기존 석탄화력발전소를 언제 완전히 멈출 것인지에 대한 탈석탄 로드맵도 전혀 작성되어 있지 않다.

재생가능에너지 확대 역시 중차대한 요소이다. 국내 전력 전력 생산 중 재생가능에너지가 차지하는 비중은 2020년 현재 7.2%이다. 불과 몇 년 전 3%대를 유지하던 것에 비하면 비약적인 발전이지만, 여전히 한국의 재생가능에너지 비중은 OECD 국가 중 꼴찌이다. 2020년 OECD 전체 평균이 31.6%였고, OECD 유럽 국가 평균이 44.3%였는데, 이것과 비교해보면 재생가능에너지 보급에서 우리가 얼마나 뒤떨어져 있는지가 바로 눈에 들어온다. 문재인 정부 들어 에너지전환 정책을 통해 2030년까지 재생가능에너지 전력 비중을 20%로 늘리는 '재생가능에너지 2030 계획'이 추진 중이지만, 이 계획이 달성된다고 할지라도 현재 OECD 전체 평균에도 미치지 못하는 셈이다. 우리나라는 삼면이 바다로 둘러싸여 있어 풍력발전을 하기 좋은 조건을 갖추고 있고, 태양광 발전의 경우에도 독일 등 우리보다 높은 위도에 소재한 국가들보다 좋은 조건을 갖추고 있다. 사정이 이럼에도 그동안 국내에서는 재생가능에너지 확대를 위한 계획이 전략적으로 추진되지 못했으니, 안타까운 일이 아닐 수 없다.

4. 정의로운 전환과 새로운 쟁점들

기후위기 극복은 긍정적인 일들로만 연결되지 않는다. 석탄화력발전소 폐쇄란 그곳에서 근무하던 노동자들로서는 일자리를 빼앗기는 사태를 의미한다. 또, 석탄화력발전소가 폐쇄되면, 인근 지역 경제도 일정하게 타격을 받게 될 것이다. 내연기관 자동차 퇴출과 전기차 전환 역시 마찬가지이다. 전기차는 엔진과 변속기, 기어박스 같은 부품이 필요 없다. 엔진에 들어가는 각종 윤활유와 소모품 교환 역시 필요 없게 된다. 전기차로 전환하게 되면 당연히 자동차를 생산하는 부품 공장(하청 업체)의 일자리가 줄고, 자동차 정비 업체(카센터) 역시 줄어들게 될 것이다. 휘발유와 경유를 직접 판매하는 주유소가 사라지는 것은 말할 것도 없다.

우리의 식탁에도 변화가 생길 것이다. 우리가 겨울철에도 다양한 채소류를 먹을 수 있는 것은, 면세 혜택을 받은 석유를 연료로 난방을 하면서 비닐하우스에서 채소류를 키우기 때문이다. 화석연료 사용 저감 정책을 추진하면서 동시에 농업용 면세유 공급 정책을 고

수한다는 것은 앞뒤가 맞지 않는다. 물론, 이것은 하나의 예시에 불과하다. 그동안 우리 생활 전반에서 화석연료가 너무나도 널리 사용되어 왔기 때문에 생활의 모든 영역에서 화석연료 사용을 중지할 경우, 어떤 부작용이 생길지 예측조차 쉽지 않은 상황이다.

이런 측면에서 제기된 개념이 '정의로운 전환Just Transition'이다. 정의로운 전환은 온실가스의 대대적 감축이라는 전환의 과정에서 생기는 노동자, 농민, 중소상공인, 지역사회 등 취약계층의 피해를 최소화하는 원칙이다. 이를 위해서는 온실가스를 다량 배출했던 이들에게 책임을 부여하는 것 그리고 이해당사자들 모두가 적극적으로 참여하는 것이 필수이다.

하지만 오늘날 한국 사회에서 정의로운 전환에 대한 이해와 인식은 아직 걸음마 단계이다. 탄소중립 정책이 추진됨에 따라 정부는 철강업, 전기·전자업계, 자동차 업계 등 10여 개 산업계 관계자들과 협의회를 꾸렸다. 이 기구를 통해 탄소중립을 둘러싼 업계 관계자들의 애로점을 듣고 지원방안을 모색할 계획이라고 정부는 밝혔다. 2021년 5월 29일 출범한 탄소중립위원회에 97명의 위원이 위촉되었으나, 한국노총을 제외한 노동계는 포함되지 않았다. 농민, 중소상공인의 목소리를 담을 수 있는 위원은 아예 전무했다. 이처럼 편향된 정부의 방침은 오히려 온실가스 감축 속도를 더디게 할 것이다. 매우 고통스러운 과정일 탄소중립을 효과적으로 실행하려면 우리 사회에서 가장 취약한 이들부터 손잡고 가는 노력이 긴요하다. 대기업보다는 중소기업이나 자영업자, 정규직 노동자보다는 비정규직 노

이헌석

동자, 원청기업보다는 1·2차 하청기업이 기후위기 대응에 더 취약할 수밖에 없고, 만일 이들과 손잡고 탄소중립을 향해 나아가지 않는다면, 탄소중립 정책은 거대한 저항에 직면하게 될 것이다.

 탄소중립은 새로운 쟁점을 끊임없이 만들어낸다. 재생가능에너지 설비를 어디에 설치할 것인가라는 문제가 대표적이다. 시급한 기후위기 문제 해결을 위해서 태양광 패널과 풍력 발전소는 최대한 많이 설치해야 할 것이다. 하지만 이러한 필요성에 동의하는 이들이라도 산을 깎아내거나 갯벌을 매립해 태양광 패널이나 풍력 발전소를 설치하는 정책에 대해서도 같은 의견인 것은 아니다. 기후위기를 극복하려는 운동이 오히려 자연을 파괴한다면, 그것 자체가 커다란 논리적 모순이기 때문이다. 하지만 재생가능에너지 사업자의 입장에서는 땅값이 싸고 인구가 적은 농어촌 지역이나 산지가 사업지로서는 최적이다. 도심에 대용량 발전소를 건설하자면 당장 여러 난제에 부딪히기 때문이다. 정부의 개입은 바로 이 지점에서 필요하다. 공익의 확대라는 방향성의 제시와 이를 위한 '적절한 규제'라는 정부의 역할이 필요한 것이다. 2018년 산지 태양광에 대한 규제 등이 강화되면서 과거보다는 논쟁의 소지가 줄어들었지만, 여전히 재생가능에너지 시설을 둘러싼 지역주민 간 갈등, 농지에 태양광을 설치하는 문제에 대한 갈등은 여전한 상황이다. 따라서, 정부가 적극 이 갈등의 해결자가 되어야 한다. 주차장이나 고층빌딩, 아파트 지붕 같은 대도시의 유휴 공간을 활용한 재생가능에너지 설비를 어떻게 확대할지 방안을 내놓음과 동시에, 지역주민들과 이익을 공유하는 공익형 재생가능에너지 시설을 지원하는 제도 역시 더 보완해서 내놓을 필요가 있다.

산림 벌채를 둘러싼 논쟁 역시 마찬가지이다. 산림청은 2021년 1월, 향후 30년간 30억 그루의 나무를 심어 온실가스 3,400만 톤을 감축하겠다는 계획을 발표했다. 이를 위해 나이 든 나무를 베어내고 어린나무를 심어 이산화탄소 흡수량을 늘리는 한편, 산림 수종도 탄소흡수능력과 환경적응력이 강한 수종을 늘리겠다는 것이다. 이에 대해 환경단체들은 숲의 다중 기능 중 탄소흡수 기능만 따로 떼어내 계산하는 것은 온당치 않으며, 오래된 나무 역시 탄소흡수량이 많다며 산림청 계획에 반대하고 나섰다. 반면, 산림청과 임업인연합회 등은 백두대간이나 국립공원 등 보호구역의 나무를 베는 것이 아니라며, 목재 생산을 주목적으로 하는 경제림을 중심으로 조림 사업이 진행될 예정이라고 역설했다. 1970년대 집중적으로 조림된 한국의 산은 그동안 제대로 관리되지 못했다는 비판을 받아왔다. 경제림의 경우에는 단일 수종으로 대규모로 조림했을 뿐이고, 국유림의 경우 간벌을 포함한 관리가 이뤄지지도 않았고, 사유림은 임업 육성 정책도 추진하지 않았다. 사실상, 체계적인 산림 정책이 실종되었다고 볼 수 있을 것이다. 정반대로, 정작 보전해야 할 국립공원과 산림보전구역에 대해서는 각종 예외를 적용해 개발을 위한 면죄부를 발행해왔다는 비판도 이어졌다. 생물다양성의 보고이자 탄소흡수원으로서 숲의 기능은 매우 중요하다. 거의 모든 목재를 수입하는 현실에서 국내 임업을 어떻게 육성할 것인지에 대한

이헌석

고민도 기후위기 시대에 필요하다. 정부의 무관심 속에 수십 년간 고질적으로 쌓인 여러 문제가 탄소중립과 기후위기 시대에 충돌하고 있는 것이다. 기후위기 시대에 걸맞게 그간 정부의 숲 관리 정책과 임업 육성정책이 총체적으로 수정되어야 할 것이다.

위기의 순간, 특히 다급한 상황에서는 그동안 물밑에 있었던 다양한 쟁점이 제기될 수밖에 없다. 에너지전환을 가속하기 위해 전력산업 민영화를 확대할 것인가, 아니면 에너지 공공성 확보를 위해서 공기업이 주도해야 할 것인가라는 논쟁이 벌어지기도 하고, 원가 이하의 전기요금을 인상해서 에너지 효율을 높여야 한다는 주장과 물가 인상과 산업위축을 막기 위해서는 전기요금 인상은 불가하다는 주장도 상충하고 있다. 탄소세나 항공세와 같은 화석연료 이용 관련 직접세가 필요한가를 둘러싼 논쟁 역시 아직 본격적으로 제기된 것은 아니지만, 탄소중립 정책이 추진될수록 우리 사회의 큰 쟁점으로 부각될 것이다.

6. 그린뉴딜을 넘어 정의로운 녹색 전환으로

점점 현실이 되고 있는 기후위기의 극복은 매우 시급하고 절박한 시대 과제이다. 기후위기 극복은 단순히 에너지원을 재생가능에너지로 바꾼다거나 개인의 실천 몇 가지를 추가하는 정도로 가능하지 않다. 오랫동안 지속해온 화석연료 중심의 사회와 경제를 근본적으로 뜯어고치는 작업이 반드시 함께 추진되어야 한다. 그리고 그 과정에서 우리는 '누구를 위한 기후위기 극복인가'라는 근본적인 질문을 끊임없이 던져야 한다. 급격한 전환 과정에서 대량 실업, 지역 경제 침체와 물가 인상이 벌어지고 사회적 약자들의 고통이 가중된다면, 설사 지구 평균온도를 1.5℃ 이내로 억제하는 데 성공한다 하더라도 그러한 성공의 의미를 어디서 찾아야 할까? 또한, 산과 갯벌과 다른 자연을 파괴하면서 대규모 태양광과 풍력설비를 가득 채운 세상을 녹색 전환을 완성한 세상이라고 부를 수는 없을 것이다. 즉, 기후위기 극복은 단순히 기존의 세상을 일부 뜯어고치는 작업이 아니라, 이제까지 없던 새로운 세상을 설계하고 만들어가는 과정이다.

문재인 정부의 기후위기 대응, 그린뉴딜 정책은 과거 정부보다 진일보한 것은 분명하지만, 아직 구체적인 온실가스 감축 목표를 정하지도, 정의로운 녹색 전환의 미래상을 그리지도 못하고 있다는 문제가 있다. 기후붕괴 사태를 막을 수 있는 시간이 우리에게 그리 많지 않다. 많은 국가 재정이 투입되는 그린뉴딜 정책이 오히려 기후위기를 심화시킨다면, 막상 시간과 재원이 부족한 상황이라면 뼈아픈 실책으로 지탄받지 않을까. 과거 추진했던 저탄소 녹색성장의 허실을 냉정히 짚어보고 급변하고 있는 지구적 현실을 면밀히 분석하며 그에 발맞추어 전환의 방향을 새롭게 모색하는 혜안이 필요할 때이다. 온실가스 감축 목표 시한인 2030년과 2050년에 현재를 평가할 때 '정의로운 녹색 전환'을 위해 당시의 노력이 정말 소중했다고 당당히 이야기할 수 있는 정책 수립과 집행을 소망해본다.

이헌석

이헌석

정의당의 기후위기 대응, 정의로운 녹색전환 업무를 총괄하는 기후 에너지 정의특별위원회 위원장을 맡고 있다. 학생운동 시절부터 환경운동을 해왔으며, 청년환경센터와 에너지정의행동 대표 등을 맡았다. 화력발전소, 핵발전소, 핵폐기장, 송전탑 문제로 싸우고 있는 지역주민들과 20여 년째 연대운동을 해왔다. 영흥도 석탄화력발전소, 삼척과 영덕 핵발전소, 밀양 송전탑 반대운동 등에 참여했고, 국가에너지시민회의, 반핵국민행동, 핵없는 사회를 위한 공동행동, 탈핵지역대책위원회 등 시민단체와 지역주민들간 연대체의 사무국 활동을 계속해왔다. 에너지 관련 노동조합과 시민사회단체의 연대체인 에너지노동사회네트워크 집행위원을 맡아 환경운동과 노동운동의 연대운동을 함께 고민하고 있다.

2장

정의의 눈으로,
다시 함께 탈핵

이영경

에너지정의행동 사무국장

"그럼, 촛불 켜고 사는 원시시대로 돌아가자는 이야기인가요?" 탈핵 캠페인을 하다 보면 심심찮게 듣는 말이다. 핵발전소의 중지가 곧 원시사회로의 회귀를 시사하는 것이 되고 마는 현실은 현재 핵발전소가 우리의 생각 속에 어떻게 자리하고 있는지를 단적으로 보여준다. 2019년 기준으로 국내 전체 전력 공급량의 25.9%를 차지하고 있는 핵발전이 마치 국가 전체의 전력 공급을 책임지는 것처럼, 그리고 경제성장에 없어서는 안 되는 것처럼 인식되고 있는 것이다. 1986년 체르노빌 핵사고와 2011년 후쿠시마 핵사고를 겪었으면서도 핵발전이 '위험하지만 감수해야 하는 에너지원'으로서 꾸준히 유지될 수 있었던 것도, 결국 이러한 인식 탓이다.

그리고 이런 까닭에, 핵발전 진흥의 역사를 뒤집으려 했던 문재인 정부의 '탈원전 공약'은 그 자체만으로도 많은 기대를 모았다. 이 글에서는 문재인 정부의 '탈원전' 공약의 배경과 내용, 실행 등을 살펴보면서 탈핵 사회로의 과제를 함께 모색해보고자 한다.

1. 핵발전, 그 희생의 시스템

1971년 국내 최초의 핵발전소인 고리1호기 기공식에서 박정희 대통령은 "한국에는 지금 경제, 건설, 기타 모든 국가 개발에 가장 많이 소요되는 것이 전력입니다. (…) 우리 국민들이 전기를 얼마만큼 쓰느냐, 그 양에 따라서 그 나라의 수준이나 경제 발전도를 추정할 수 있는 것입니다."라는 기념사를 통해 '경제발전은 핵발전'이라는 공식을 역설했다.

'먹고 사는 것'이 중요했던 당시 핵발전은 '전기를 만드는 공장'의 역할을 충실히 해냈다. 하지만, 그 건설과 운영 과정에서 나타난 수많은 문제는 간과할 수 있는 것이 아니었다. 고리1호기 건설 당시의 강제 이주를 시작으로 영광 핵발전소 인근의 어업 피해, 발전소·폐기장 건설 강행으로 인한 주민 갈등, 송전탑 건설로 인한 피해, 방사능 오염으로 인한 건강 피해와 먹거리 문제 등 셀 수 없이 많은 사회적 갈등이 핵발전소로 인해 발생했다.

일본 도쿄 대학교의 다카하시 데쓰야高橋哲哉 교수가 핵발전을 '희생의 시스템'이라고 정의한 것도 그런 이유다. 누군가의 전기 소비를 위해 인구가 적은 소도시에 사는 누군가는 생산으로 인한 피해를 입는 것이 당연시되는 시스템이다. 밀양의 어르신들이 송전탑 건설에 반대하며 그 힘든 농성을 이어갈 때, 원만히 해결되기를 바라는 '착한' 시민들은 많았던 반면, 핵발전소를 멈추어야 한다고 말하는 사람들이 적었던 이유는 우리가 이미 이 시스템에 익숙해져 있었기 때문이다.

이영경

2011년 후쿠시마 핵사고는 이러한 시스템의 관성에서 벗어나 핵발전소를 다시금 돌아보게 하는 계기가 되었다. 안전하다고 믿었던 핵발전소가 폭발하는 것을 목격하고, 2만여 명의 사망자와 실종자가 발생했다는 뉴스를 접한 우리는 충격에 휩싸였다. 후쿠시마 핵사고가 내 문제가 될 수도 있음을 절감하면서 핵발전 중심의 에너지 시스템을 바꾸어야 한다는 목소리를 내기 시작했다. 그 외에도 핵발전소 안전 규제와 방재, 방사능오염 식품과 생활 방사선 등으로 넓어진 관심 덕에 탈핵 운동은 소수 피해자 중심의 반핵 운동에서 누구나 피해자가 될 수 있다는 인식을 디딘 다수의 탈핵 운동으로 진화하고 있다.

2. 탈핵을 공약한 정부의 탄생

3.11 후쿠시마 핵사고 이후 우리 사회에서 탈핵을 요구하는 목소리는 2016년 '잘가라 핵발전소 100만 서명운동'에서 가장 큰 규모로 분출했다. 2016년 10월 시작되어 2017년 6월까지 이어진 이 서명운동은 당시 박근혜 대통령의 퇴진을 요구하는 촛불항쟁과 시기가 맞물리면서 33만 8천 명이 서명에 동참하는 성과를 이루었고, 그 내용은 문재인 후보와의 정책협약에 그대로 담겼다. 즉, ▲신고리 5·6호기와 삼척·영덕·울진 신규핵발전소 건설 백지화 ▲노후핵발전소 수명연장 금지 및 폐쇄 ▲사용후핵연료 관련 신규 핵시설 건설 철회 ▲고준위핵폐기물 관리계획 철회와 공론화 재실시 ▲탈핵에너

2017.5. 더불어민주당과의 '잘가라 핵발전소 정책협약식' ©환경운동연합

지전환정책 수립과 탈핵에너지전환기본법 제정 ▲재생가능에너지 지원 및 확대정책 실시 등의 내용[3]이 정책협약에 담겼다.

　탈핵 공약이 대선 기간 비교적 주요한 내용으로 다루어지고 '광화문 1번가'의 주요 공약으로 채택되자, 탈핵 사회로 나아갈 수 있으리라는 기대감도 커졌다. 취임 한 달 뒤인 6월 19일 고리 1호기 영구정지 선포식에서 대통령이 탈핵과 에너지전환 정책을 발표했을 때에도 환영의 분위기가 높았던 것도, 그 발표가 이러한 과정의 연장이었기 때문이다. 당시 문재인 대통령은 기념사를 통해 고리 1호기의 영구정지는 탈핵 국가로 가는 출발이라면서 안전한 대한민국으로 가는 대전환이며, 우리 사회가 국가 에너지 정책에 대한 새로

3　2016년 10월 11일, 잘가라 핵발전소 100만 서명운동본부 선언문

이영경

운 합의를 모아 나가기를 기대한다고 밝혔다. 더불어 핵발전 정책도 전면적으로 재검토하면서, 준비 중인 신규 핵발전소 건설계획은 전면 백지화하고 설계 수명을 연장하지 않겠다는 뜻도 밝혔다. 월성 1호기 조기 폐쇄와 신고리 5·6호기 건설에 대한 사회적 합의 도출, 원자력안전위원회의 대통령 직속 체계로의 위상 강화, 석탄화력발전소 축소, 재생가능에너지 확대 등을 약속했는가 하면, 탈원전, 탈석탄 로드맵과 함께 친환경 에너지 정책을 수립하겠다는 계획도 피력했다.

하지만 7월 21일 열린 국가재정전략회의에서의 대통령 발언은 시민사회의 기대를 무너뜨리며 우려의 목소리를 낳게 했다. 이날 발언에는, 문재인 정부의 탈원전 계획은 최소 60년에 걸친 단계적 감축 정책이라는 것, 신고리 5·6호기는 공정율을 감안해 공론조사를 통해 결정하겠다는 것, 재생가능에너지 비중을 높여도 전기요금이 크게 오르지는 않는 것 등이 담겨 있었다. 문재인 정부의 핵발전 정책이 당장 핵발전을 줄이는 방식의 급진적 탈핵 정책이 아닐뿐더러 사회적, 정치적으로 민감한 결정에 대해서도 정부가 과감한 의지를 지니고 있지 않다는 한계도 분명히 확인되었다.

3. 신고리 5·6호기 공론화의 함정

선언 초기부터 핵산업계와 보수진영의 반발에 부딪혔던 현 정부의 탈핵 정책은 '공론화를 통한 결정'이라는 퇴보로 이어졌다. 애초 신고리 5·6호기 건설을 전면 중단한다는 것이 대통령의 공약이었지만, 이미 공정률이 28%에 달하는 점 등을 고려해 공론조사를 하기로 했다며, 시민참여단의 공론화 결과를 '무조건 수용'하기로 결정한 것이다. 일반적으로 공론화 결과가 정책에 대한 '권고'라는 점을 감안하면, 공론화 결과를 무조건 수용하겠다는 결정은 정치적 책임을 회피하기 위한 방책이었을 뿐이다. 탈핵 공약에 대해 정치적 의지가 있음을 보여주면서 한편으로는 반대 세력들과의 직접적인 갈등은 피하는 길을 택한 것이다. 하지만, 탈핵 공약을 뒷받침해 주었던 시민사회와 그 어떠한 교감도 없이 추진한 신고리 5·6호기 공론화는 탈핵 운동 진영의 힘을 끌어내지도 못했을 뿐 아니라 오히려 탈핵 운동 진영에게 '후퇴한 공약에 참여할 것인가, 보이콧을 할 것인가' 같은 논쟁을 강요한 꼴이 되고 말았다. 더군다나 공론조사 과정에서 정부는 뒷짐을 지고 심판의 역할만을 담당하면서 당시 상황은 '기울어진 운동장'이라는 한계를 넘어서지 못했다.

전국에서 선출된 471명의 시민참여단 중 59.5%가 건설 재개에 손을 들어 주면서, 결국 신고리 5·6호기 건설 공사는 재개되었다. 시민참여단은 다만, 장기적으로는 핵발전을 축소해 나가는 방향을 선택했다. 공론조사에서 최종적인 판단 기준이 경제 논리로 기울어졌던 것을 생각해볼 때, 핵발전 도입 시기부터 우리를 지배해온 경제성장 중심의 사고를 안전 우선의 논리가 넘어서기에는 역부족이었다고 할 수 있다. 어쩌면 정부와 탈핵 시민사회는 공론화 과정을 통해 신고리 5·6호기 건설을 중단할 수 있을 것이라고 기대했는지

이영경

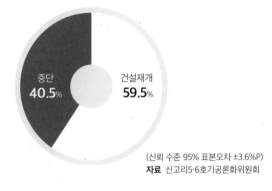

(신뢰 수준 95% 표본오차 ±3.6%P)
자료 신고리5·6호기공론화위원회

신고리 5·6호기 건설 중단 공론조사 결과

도 모른다. 오랫동안 익혀온 논리 대신 핵발전의 위험성과 핵폐기물의 문제점, 지역 주민들의 아픔 등 다른 사실을 접할 경우, 시민참여단이 '합리적인 결론'에 도달할 수 있을 것이라고 말이다. 하지만 현실은 냉정했다. 시민참여단으로 참여한 윤지영 씨는 《녹색평론》에 다음과 같은 후기를 남겼다. "나는 이번 공론화 과정에 참여하면서, 핵발전을 반대하는가 아니면 찬성 혹은 허용하는가 하는 판단은, 사실과 논리의 수평적 대결로만 결정되지 않으며, 오랫동안 뿌리내린 가치관과 삶의 방식에 따라 크게 좌우된다는 진실을 뼈저리게 느꼈다. 어떤 전기를 쓰는 삶을 살 것인가? 어떤 가치가 다름의 문제가 아닌 옳고 그름의 문제가 되어야 하는가? 핵발전에 있어 우리가 공론화해야 할 진짜 이야기는 아직 남은 것이다."

그럼에도, 탈핵이라는 의제가 숙의민주주의의 실험 속에서 이야기될 수 있었다는 것은 그 자체로 유의미하다 할 수 있다. 짧은 기간

안에 건설 재개냐 중단이냐만을 선택해야 했던 한계 등 몇몇 문제를 제외한다면, 전문가들만의 몫으로 치부되었던 핵발전 정책에 대해 정보를 공유하고 토론할 수 있었던 것은 분명 진일보한 것이라고 평가할 만하다. 한 차례 행사처럼 지나가는 공론화에 그치지 않고 진정한 에너지 민주주의를 실현해 나가는 한 축으로서 끊임없이 에너지 문제에 관한 공론장을 고민하고 발전시켜 나가야 하는 이유다.

4. 끝나지 않는 정쟁, 월성 1호기 폐쇄

월성 1호기 조기폐쇄라는 사안은 문재인 대통령의 핵심 공약의 하나로 2017년 6월 19일 고리 1호기 영구정지 선포식 기념사에서도 "가급적 빨리 폐쇄하겠다"는 말이 나왔을 정도였다. 2012년 11월 수명이 끝난 월성 1호기는 개보수를 거쳐 2015년 재가동을 시작했으나, 문재인 정부의 조기폐쇄 정책에 따라 8차 전력수급계획에는 2018년부터 발전설비에서 제외되었다. 한수원 역시 2018년 6월 이사회를 통해 경제성이 없다는 이유로 조기폐쇄를 의결했다. 실제로 월성 1호기는 2008~2017년 연평균 1천 36억 원의 적자를 기록했고, 이용률 40%를 가정했을 때 2022년까지 563억 원의 손실이 발생할 것으로 예측됐다. 하지만 핵산업계와 보수정당은 이에 대해 납득할 수 없다며 정치공방을 이어갔고, 결국 감사원 감사를 신청, 2019년 9월 감사원의 감사요구안이 의결되었다. 핵심 쟁점은

월성1호기 감사원 결과 발표에 대한 탈핵시민행동 기자회견(2020.10.20.)
ⒸⒺ너지정의행동

한수원이 무리한 조기폐쇄를 위해 경제성 평가를 조작했다는 것이었다.

결국 2019년 10월 20일 감사원은 "월성 1호기 계속 가동의 경제성이 낮게 평가됐다"는 사실을 지적하면서도, 정부의 "탈원전 정책의 타당성을 따져보는 취지는 아니었다"는 감사 결과를 발표했다. 사실 월성 1호기 폐쇄의 주요 당위는 경제성보다는 노후 핵발전소의 안전성 문제였지만, 어느 순간 안전성에 대한 고려는 제외되고 경제성 논란과 탈원전 반대라는 프레임만 남고 말았다.

감사원은 "한국에서 가동 중인 원전 24기 중 10기가 향후 10년 내 설계수명이 만료되는 등 원전의 설계수명 만료 이후 계속 가동 여부에 대한 경제성 평가가 중요한 현안으로 대두되고 있다"고 밝히면서, 이후 핵발전소 계속 가동과 관련된 경제성 평가에서 합리적 평가기준을 정할 필요가 있다고 지적했다. 하지만 이것은 핵발전 정책의 일면만 바라보는 것이다. 핵산업은 경제성을 지향하며 시작되었을지 몰라도, 건설과 운영, 폐쇄의 전 과정에서 더 중요한 요소는 경제성이 아니라 국민의 생명과 안전이다. 우리에게 분명한 것은, 2011년 후쿠시마 핵사고를 통해 핵발전의 위험성을 모두가 목격했고, 핵발전소에서 발생하는 폐기물을 처분할 그 어떤 방법도 인류는 찾지 못하고 있다는 사실이다.

5. 고준위핵폐기물, 여전히 답이 없다.

박근혜 정부가 2년 가까운 공론화를 거쳐 발표한 〈고준위방사성 폐기물 관리 기본계획〉에 탈핵 시민단체는 물론 핵발전소 인근 지역 주민들의 의사조차 반영되지 않았던 점을 고려하여 문재인 정부는 '공론화를 통한 사용후핵연료 정책 재검토'를 약속했다. 하지만 사용후핵연료 관리정책 재검토위원회의 위원장이 이해당자사 참여 문제와 독립적인 기구 구성의 필요성을 제기하며 사퇴하면서, 이 재공론화 역시 신뢰를 크게 잃고 만다. 특히 수많은 비판이 있었음에도, 정부는 경주 월성에 맥스터MACSTOR(Moudular Cooled STORage, 사용후핵연료 건식저장시설) 건설을 추진하겠다고 결정했고, 그런 결정이 내려진 순간 '재공론화'는 민주주의의 탈을 쓴 폭력으로 귀결되고 말았다.

이영경

엉터리 사용후핵연료 관리정책 재검토 공론화 무효 선언 (2020.7.30.) ⓒ에너지정의행동

핵폐기장 문제는 그 동안 한국 탈핵 운동의 중심 의제였다. 화장실 없는 맨션을 지어놓고는 배설물 처분 방법은 나중에 찾아보겠다고 하니, 그 어느 입주민이 환영할 수 있으랴. 정부가 추진한 고준위 핵폐기장 건설 사업은 번번이 실패로 돌아갔고, 여전히 정부는 그 처분 방법을 찾지 못하고 있다. 경주 월성의 맥스터 건설이 재공론화의 핵심 의제가 된 이유는, 월성 핵발전소의 임시저장시설이 가장 빨리 포화될 것으로 예상되었기 때문이다. 포화 시점으로부터 역산했을 때 2020년 8월에는 맥스터 건설을 시작해야 한다는 계산 결과가 힘을 발휘했다.

현 정부의 탈핵정책은 신고리 5·6호기 공론화에서 한 번 후퇴했고, 고준위핵폐기물 공론화 파행과 맥스터 건설 강행에서 또 한 번 후퇴했다. 누구나 인정하다시피, 현재 핵폐기물을 안전하게 처리할 방법은 없다. 고준위핵폐기물 관리정책을 말할 때 가장 먼저 인정해야 하는 것은 바로 이 사실이다. 그러나 여전히 핵발전소는 전기를 만들며 핵폐기물을 쏟아내고 있고, 미래 세대의 누군가에게 폐기물 처리의 책임을 떠넘기고 있다. 핵발전의 '희생의 시스템'이 지역 간 문제를 넘어 현재와 미래 사이에도 작동하고 있는 것이다. 고준위핵폐기물을 처분할 방법이 없고 묻을 곳도 없다면, 답은 오직 하나다. 일단 핵발전을 멈추는 것이다. 그러고 나서 누가, 언제까지, 얼마나 핵폐기물을 만들어낼 것인지, 발생한 폐기물을 어떤 방식으로, 어디에 처분할 것인지 책임 있게 논의해야 한다. 폐기물 처분의 책임은 핵발전소 인근 지역 주민들도, 미래의 누군가도 아닌, 지금 전기를 사용하는 모두에게 있다.

6. 후쿠시마 오염수,
   우리 모두는 피폭당하지 않을 권리가 있다.

핵폐기물의 문제는 비단 국내에서 발생한 고준위방사성폐기물의 문제만이 아니다. 2011년 일어난 핵사고 이후 보관 중인 후쿠시마 핵발전소 방사능 오염수 또한 우리의 문제가 되고 있다. 모두가 알고 있듯, 2021년 4월, 일본 정부가 후쿠시마 오염수를 바다에 방류하겠다는 결정을 내렸기 때문이다. 오염된 지하수와 원자로 내부를 식히기 위해 투입된 물의 양이 계속 늘어나면서, 일본은 현재 후쿠시마 핵발전소 부지에 약 125만 톤의 방사능 오염수를 보관하고 있다. 그리고 이 오염수는 매일 약 140톤씩 늘어나고 있다. 이대로 계속 육지에 보관할 수는 없으니, 저농도 오염수는 바다로 버리고 고농도 오염수를 보관할 수 있는 탱크를 확보하겠다는 것이 일본의 입장이다. 그러면서 방류하는 오염수는 기준치 이하의 '처리수'라는 주장을 하고 있다. 일본 주민들과 한국, 그리고 세계 각국에서 이를 반대하는 목소리를 내고 있으나, IAEA나 미국은 국제적 관행이나 국제 기준에 부합한다는 견해를 밝혔다.

문제는 IAEA나 미국의 견해, 그 안에 있다. 이들의 견해는 핵발전이나 핵실험 등을 오랫동안 해온 미국, 러시아, 유럽, 일본 등이 일종의 '관행'으로서 바다에 줄곧 핵폐기물을 방류해왔다는 사실을 시사한다. 다시 말해, 지금까지 인류는 방사능이 기준치 이하라는 논리로 '피폭' 당해왔으며, IAEA나 미국은 그 논리에 힘을 싣고 있는 것이다.

"어떤 생명이든 피폭당하지 않을 권리가 있다"는 원칙은 누구에게나 적용되어야 할 원칙이다. 그런 의미에서, 오염수를 기준치 이하로 처리하여 내보내겠다는 일본의 주장이나, 국내 월성 핵발전소에서 검출된 삼중수소 농도가 바나나 6개를 먹는 정도의 피폭량밖에 안 된다는 주장은 결코 비판의 칼날을 피할 수 없는 주장이다.

후쿠시마 오염수 방류는 당연히 막아야 한다. 정부는 가용할 수 있는 모든 자원을 활용하여 일본의 오염수 방류를 저지하고 국민들의 생명을 보호할 책임을 다해야 한다. 하지만 여기서 그쳐서는 안 될 것이다. 방사능 오염수가 비단 일본만의 문제가 아님을 분명히 하고, 핵발전 문제에 대한 근본적인 해결책을 찾아가도록 해야 한다. 오염수를 버리는 관행을 당연하다 말하는 것이 아니라, 오염수가 발생하는 핵발전에 대해 우리는 어떤 책임을 가질 것인지 말해야 하는 것이다.

7. 탈핵인가, 에너지전환인가

"저도 태양광 발전 좋아합니다." 신고리 5·6호기 공론화 당시 건설재개 쪽 패널로 참석한 한 전문가의 말이다. 에너지전환과 재생가능에너지 확대는 찬성하지만, 핵발전은 여전히 유지되어야 한다는 논리인 것이다. 현 정부가 발표한 '탈원전 정책' 역시 자연스럽게 '에너지전환' 정책으로 순화되었고, 정부는 '탈핵'에 관해선 미온적이기만 하다. 한국에너지정보문화재단이 2019년에 발간한 「안전하고 깨끗한 세상을 위한 에너지 정보」에서는 정부의 탈핵에너지전환 정책을 이렇게 설명하고 있다.

> 일각에서는 석탄과 원전을 줄이면 에너지 수급에서 문제가 생기는 것은 아니냐는 걱정을 하는데, 지금 한국은 원전 5기와 석탄발전소 7기를 건설 중에 있고, 2024년경에는 모두 완공될 예정입니다. p.14

> 원전은 수명까지 최대한 쓰고자 합니다. 원전을 완전히 폐쇄하는 것은 2083년에 가서야 가능합니다. p.15

2024년까지 원전과 석탄발전소가 계속 늘어나기 때문에 국민께 당장의 큰 부담이 발생하는 일은 없습니다. p.16

한국 원전은 당분간 늘어납니다. 탈원전은 지금 당장 원전을 정지한다는 의미가 아닙니다. 원전은 설계수명까지 최대한 가동합니다. p.19

정리하자면, '탈원전' 정책을 발표하기는 했지만, 핵발전소는 2083년까지 가동할 예정이고, 국민 부담은 주지 않겠다는 내용이다. '탈원전'을 공약한 정부의 5년 임기 동안 도리어 핵발전소는 늘어나고, 핵산업 수출은 계속되는 자기모순적 상황이 연출되고 있는 것이다. 거기에 탈핵 정책이 반드시 해결해야 할 사용후핵연료 문제나 지역의 방사능 피폭 문제, 핵발전소 사고 문제 등은 각 지역의 의제로만 남았다. 정부의 정책이 탈원전 정책을 반대하는 보수진영으로부터는 탈핵을 한다는 이유로 비판받고, 탈핵을 요구하는 시민사회로부터는 '제대로 된 탈핵' 정책을 펼치지 않는다고 비판을 받는 이유다.

에너지전환은 단지 전기 생산 원료를 무엇으로 바꾸느냐의 문제가 아니다. 재생가능에너지를 확대하겠다 강조한다고 해서 핵발전이 가지는 위상과 그 쟁점이 사라지는 것은 아니다. 에너지전환은 각 에너지원의 위상을 어떻게 설정할 것인가, 그에 따라 에너지요금은 어떻게 바꿀 것인가, 그 소유와 분배는 어떻게 해야 정의로울 것인가, 기존 발전소 노동자 및 지역 주민들과의 상생은 어떻게 만들어갈 것인가 등 거미줄처럼 얽힌 실타래를 풀어가는 과정이며 시스템을 바꾸는 과정이다. 에너지전환이라는 말로 '탈핵'이라는 이슈를 흐리고 정쟁을 봉합하는 것은 그런 의미에서 정책의 후퇴이고 본말을 흐리는 임기응변식 대응일 뿐이다.

8. 핵발전은 기후위기의 해법이 아니다

바야흐로 기후위기의 시대다. 2017년 출범 당시에 탈원전이라는 수사로 시작한 정부는 에너지전환을 강조하다가 2020년 이후 탄소중립으로 그 언어를 바꾸었다. 안으로는 54일의 장마를 겪은 후이고, 밖으로는 국제사회의 탄소중립 요구에 따른, 어쩌면 마땅한 변화다. 하지만 문제는 기후위기, 탄소중립이라는 담론이 탈핵을 흔드는 또 다른 무기처럼 쓰이기 시작했다는 점이다. 보수언론과 핵산업계는 공공연하게 핵발전 없이 탄소중립은 불가능하다고 주장하고, 기후위기 해결을 원하는 일부 사람들도 핵발전은 해야 하는 것 아니냐는 주장을 조심스레 하고 있다. 2020년 11월, 대통령 직속 미세먼지 문제 해결을 위한 국가기후환경회의는 '2050년 탄소중립'을 달성하기 위해 2045년까지 석탄발전을 '0'으로 만드는 것이 바람직하다면서 그 목표를 이행하기 위해 재생가능에너지를 중심으로 원자력과 천연가스를 보완적으로 활용해야 한다고 발표했다. 세계적 저명인사인 빌 게이츠Bill Gates도 자신의 책 《빌 게이츠, 기후재앙을 피하는 법》에서 "핵발전은 하루 24시간 지속해서 공급할 수 있는,

이영경

탄소 배출이 없는 유일한 에너지원이기 때문에 기후위기에 대응하는 데 이상적"이라고 주장했다.[4]

지구 온도 상승을 1.5도 이내로 묶어 두어야 한다는 IPCC의 보고서는 전력 분야에서 2050년까지 재생가능에너지의 비율을 80% 이상으로 올려야 한다고 권고하고 있다. 그에 따라 재생가능에너지 확대는 필수불가결한 과제가 되었으며, 석탄화력발전소는 가장 빠르게 퇴출해야 하는 발전소가 되었다. 핵산업계는 이러한 흐름에 맞춰 발전소 운영 중에 온실가스가 적게 나온다는 사실 하나만으로 핵발전이 재생가능에너지를 이끌어주어야 한다는 논리를 펴고 있다.

그러나 영국 서섹스 대학교 경영대학원과 독일 국제경영대학원 연구팀은 2020년 〈네이처 에너지Nature Energy〉에 실린 논문을 통해 핵발전이 온실가스 감축에 효과적이지 않다는 결과를 부여주었다. 대규모로 핵발전을 하는 국가들은 탄소배출량을 충분히 감축하지 못하고 있음을 확인한 것이다. 또, 연구팀은 핵발전과 재생가능에너지가 에너지 시스템에서 서로 공존하지 못할 뿐만 아니라, 상호 배타적이고 서로의 에너지효율을 저해하는 모습을 보인다고 밝히면서, 재생가능에너지보다 핵발전에 우선 투자하는 결정에 심각한 의문을 제기했다. 기존의 핵발전 같은 대규모 중앙집중형 발전에 맞춘 전력망 시스템은 소규모 분산형 전원인 재생가능에너지의 도

---

4 빌 게이츠 저, 김민주 옮김, 빌게이츠, 기후재앙을 피하는 법, 김영사, 2021, 123.

입을 저해하고 시간 및 비용을 증가시킨다고도 밝혔다.[5]

한마디로, 핵에너지는 재생가능에너지가 아니다. 대규모 중앙집중식으로 지어진, 경직된 발전 시스템의 대표 주자이며, 방사능과 핵폐기물로 인해 안전하지 않은 발전이기도 하다. 탄소중립과 탈핵 중에서 하나를 선택해야 한다고 말하는 것은 핵발전을 유지하려는 꼼수일 뿐이다. 우리는 기후위기 해결을 위해서 핵발전을 선택하는 것이 옳다는, 그 위험하고도 불가능한 '공존의 논리'를 거부한다.

9. 희생의 시스템을 넘어 정의의 눈으로, 탈핵을 말하자

'모든 국민은 안전하게 살 권리가 있다.' 경주 나아리 주민들의 농성장 앞에 걸려 있는 현수막 문구다. 나아리는 월성 핵발전소 반경 1km 인근에 있는 마을로, 주민들은 지금까지도 핵발전소와 송전탑을 바라보며 30년 넘게 살아가고 있다. 월성 1호기 준공식 당시, 나아리 주민들은 핵발전소가 무엇인지도 모르면서 가끔 보이는 버섯구름을 멋있다고 생각했다고 한다. 그러나 벌써 7년이 넘게 나아리 주민들은 월요일 아침마다 모여 상여를 끌며, 핵발전소 옆에서 삼중수소를 마시며 살아갈 수 없으니 이주 대책을 마련하라고 목소리를

—

5 Benjamin K. Sovacool, Patrick Schmid, Andy Stirling, Goetz Walter & Gordon MacKerron, Differences in carbon emissions reduction between countries pursuing renewable electricity versus nuclear power, Nature Energy Vol 5, 2020, 928-935.

나아리 대책위의 상여시위 ⓒ탈핵울산시민공동행동

높이고 있다. 나아리 주민들의 목소리는 핵발전이 희생의 시스템인 이유를 적나라하게 보여준다. 그들에게는 '지금 살고 있는 집을 팔고 이사 가면 되지 않느냐'는 상식적인 논리조차 통용되지 않는다. 2021년 6월 현재, 이곳에는 핵폐기물 저장을 위한 맥스터가 건설되고 있다. 민주주의라는 이름으로, 진행된 공론화 결과, 맥스터 건설에 찬성하는 주민이 많다는 이유로 암과 싸우며 이주를 요구하는 주민들의 목소리는 철저하게 외면당했다.

그러나 다행스러운 소식도 있다. 국내에서 핵발전소는 점점 줄어들 전망이다. 2021부터 2030년에 이르는 10년간, 10기의 핵발전소가 수명이 만료된다. 이미 폐쇄 절차에 돌입한 고리 1호기와 월성 1호기를 포함하면 핵발전소 12기가 수명을 다할 운명인 것이다. 2021년 5월 현재 건설 중인 6기의 핵발전소가 계획대로 가동을 시작한다면, 2021년 3월 기준 총 24기에서 2030년 총 18기로 감소하게 된다. 여기에 더해, 정부의 2050 탄소중립 계획으로 인해 줄어들 석탄발전까지 고려하면, 2030년 우리의 전력생산 양상은 지금과는 크게 다를 것이다. 그런 의미에서 향후 10년간 탈핵·에너지전환 정책을 어떻게 만들어갈 것인가는 매우 중요히 디. 탈핵으로 가는 이정표가 온실가스 감축이나 경제성장 목표에 발목이 잡혀 주저앉지 않도록 공고한 정책 기조와 행정 조치가 필요한 이유다.

더불어 전력 수요를 줄이고, 재생가능에너지를 늘리는 계획도 함께 가야 한다. 사회의 필수재로 자리매김한 에너지를 '성장'에 매몰된 경제구조에 가두지 않는 것, 에너지에 관한 새로운 시각으로 공공 에너지 시스템을 구축하는 것도 중요하다. 에너지전환은 단순히 에너지원만 바꾸는 것이 아니라, 노동자와 지역 주민들의 삶을 바꾸는 문제이고, 전기를 사용하는 이들 모두에게 그리고 미래세대에게 영향을 미치는 문제다. 에너지전환 과정에서 사회적 약자에게 피해가 가지 않도록 '정의로운 전환'이 요구되는 것은 이 때문이다.

《에코토피아 비긴스 Ecotopia Emerging》의 저자는 환경오염과 핵발전 위험에도 아랑곳없이 경제성장을 빙자해 파괴를 향해 내달리는 사회 속에서 생존을 위해 싸우는 사람들의 이야기를 다룬다. 그들이 내건 강령 〈더는 하지 마라〉의 두 번째 항목에는 "핵무기나

이영경

핵발전소를 만들지 마라"는 내용이 있다. 그들의 에코토피아는 화석에너지와 핵에너지에서 벗어나 태양전지를 선택하며, 에너지원의 변화뿐 아니라 정치와 경제, 문화 등 모든 분야에서 변화를 모색한다.[6]

우리 사회도 마찬가지다. 현대 사회는 기후위기의 불확실성과 회복 불가능성, 그리고 핵에너지의 위험이라는 복합적인 위험을 품고 있다. 이 복합성을 핵발전이나 또 다른 기술적 해법으로 단순하게 해결하려 드는 순간, 우리는 더 깊은 늪에 빠질 수밖에 없을 것이다. 기후위기는 우리에게, 오직 성장만을 향해 달리는 것이 아니라, 공동체를 회복하는 삶을 사는 것이 지구를 위하고 우리 스스로 회복하는 길임을 깨닫게 하고 있다. 나아가 단순하고 소박한, 그러나 함께 풍요를 누리는 삶을 상상하라고 촉구하고 있다. 경제성장만이 보일 뿐 사람의 삶이 보이지 않던 희생의 시스템을 넘어, 이제 정의로운 전환의 발걸음을 이야기하자. 향후 10년간 10기의 핵발전소가 정의롭게 폐쇄될 수 있도록 안전한 질서를 만들어가는 것, 공공적 성격의 재생가능에너지 중심으로 에너지 시스템을 차분히, 그러나 단호히 재편해가는 것. 탈핵과 에너지전환을 위해 오늘 우리에게 주어진 몫이다.

---

6   어니스트 칼렌바크 저, 최재경 역, 에코토피아 비긴스, 도솔, 2009.

이영경

탈핵과 기후위기 해결, 그리고 정의로운 전환을 위해 행동하는 활동가. 청년 시절, 핵발전소 지역의 싸움과 아픔을 보면서 에너지정의운동을 시작했다. 지금은 에너지정의행동 사무국장이자 두 아이의 엄마로서 더 나은 세상을 만들기 위해 노력하고 있다. 우리가 매일 사용하는 에너지의 불평등과 부정의함을 알리고 대안을 모색하는 데도 지혜를 모으고 있다. 더불어 청소년, 시민들과 더 많이 연대하기 위한 다양한 교육 행사와 교재 제작에도 힘을 쏟고 있다.

참고문헌

김세영, 김현우 외, 《에너지 민주주의, 냉정과 열정 사이》, 해피스토리, 2019.
윤지영, 「공론조사 시민참여단 참가기」, 녹색평론 통권 158호, 2018.1.
한국에너지정보문화재단, 《안전하고 깨끗한 세상을 위한 에너지 정보》, 2019.
빌 게이츠 저, 김민주 역, 《빌 게이츠, 기후재앙을 피하는 법》, 김영사, 2021.
어니스트 칼렌바크 저, 최재경 역, 《에코토피아 비긴스》, 도솔, 2009.
에너지전환포럼 누리집, http://energytransitionkorea.org/post/40450, 검색일 2021.4.5.

3장

코로나, 기후 그리고 오늘의 농업·농촌

이무진

전국농민회총연맹 정책위원장, 농부

코로나19 등 감염병 확산과 기후위기로 인한 재해의 빈번한 발생은 탐욕에 기반한 경제가 불러온 결과이다. 이윤 추구가 절대적인 자본주의 사회에 대한 마지막 경고마저 그러려니 하고 넘어가게 된다면, 인류에게는 더 큰 고통이 찾아올 것이다. 특히 경청해야 할 것은 인간 활동으로 인해 산업화 이전 수준 대비 약 1.0°C의 지구온난화가 유발되었을 것으로 추정되고 있는데, 지구온난화가 현재 속도로 지속된다면 2030년에서 2052년 사이에 1.5°c에 도달할 가능성이 있다는 경고의 목소리다. 농업 분야에서도 어떻게 온실가스 배출량을 감축할 것인지, 그 실천적 방법론을 제출해야 할 마지막 시기라는 느낌을 지우기 어렵다.

하지만 기후위기라는 전 지구적 숙제 앞에서 농업·농촌의 문제를 단순히 농민과 농촌주민의 문제로만 바라봐서는 안 될 것이다. 농산물은 농민이 생산하지만 그것을 소비하는 것은 국민이기에, 기후위기 맥락에서 농업과 농촌의 문제는 국민 전체의 문제이기도 하다. 따라서 향후 탄소중립을 위해 농업의 생산과 유통, 소비 체계를 어떻게 만들어 가야 할 것인가에 관한 국민적 합의가 이뤄져야 할 것이다.

문재인 정부의 농업정책이 이러한 점을 고민해왔는지 살펴보면, 우리는 부정적인 답변을 제출하게 된다. 적폐 청산이라는 촛불정신을 계승하겠다는 문재인 정부가 도리어 농업 적폐를 더욱 확대해가고 있다. 2020년 코로나19로 전 세계가 새로운 방식의 식량위기에 대응하며 치유의 공간으로 농촌의 지속가능성을 높였을 때, 한국의 농정은 어떠했는가를 복기해보면 현실의 그림이 명확히 보인다. 이동 금지와 국경폐쇄에 따른 새로운 방식의 식량위기가 예측됨에도, 정부에서 내놓은 대책이란 해외에서 한국인이 소유하고 있는 농장에서 생산한 농산물의 수급을 통해 식량 위기에 대응하겠다는 것이다였다. 그러나 이것은 대책이 아니다. 한국사회에서 코로나19에 대응하는 농정은, 없었다. 기후변화로 인한 봄철 강력한 냉해, 54일간

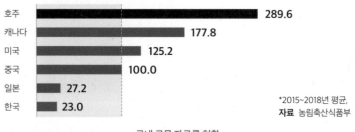

주요국 최하위 수준인 韓 곡물 자급률(단위=%)

호주	289.6
캐나다	177.8
미국	125.2
중국	100.0
일본	27.2
한국	23.0

*2015~2018년 평균,
자료 농림축산식품부

국내 곡물 자급률 현황

이무진

의 긴 장마, 집중호우로 인한 급격한 생산량 감소에 따른 농산물 수급 불안정 상황에서는 어땠을까? 현 정부의 모습은 과거 농정과 한 치의 다를 바도 없었다. 아니, 도리어 후퇴했다.

한국은 사료 포함 식량자급률이 2018년 기준 21.7%에 불과하고 코로나19 등으로 세계 곡물가격지수는 2020년 6월부터 급등해 2021년 2월 기준으로 1년 전보다 26.5%나 올랐다. 특히, 국제 옥수수 가격은 7년 6개월, 콩 가격은 6년 6개월 사이 최고 수준이다. 그러함에도 정부는 식량은 수입해서 먹으면 된다는 신자유주의적 입장을 고수하고 있다.

1. 코로나 팬데믹과 식량위기

코로나19로 기존 세계질서가 크게 변모하고 있고, 세계는 2차 세계대전 이후 최대의 위기에 빠져들고 있는 형국이다. 세계 각국은 국경을 폐쇄하고 국가 간 이동을 차단하고 사회적 거리두기를 강조하는 등의 대책을 세워 왔으나, 치료제가 없는 한 근본적 대책은 될 수 없는 조치들이다. 현재 백신이 강대국을 중심으로 공급되고 있지만, 집단면역이 형성되면 대유행이 종식된다고 호언장담할 수도 없는 상황이다. 그것은 새로운 변종이 계속 나타나고 있기 때문이다. 다시 말해, 이 사태가 언제 끝날지, 정점이 언제일지, 완전히 극복되는 시기가 언제일지, 그 누구도 정확히 예상하지 못하고 있다.

이렇듯 코로나19 대유행 사태가 장기화되고 공포감과 불안감이 언제까지라도 지속될 조짐을 보이자, 국제 기구들은 그 영향이 세계적 식량난으로 이어질 가능성을 경고하고 있다. 식량농업기구FAO와 세계무역기구WTO는 코로나19 확산 방지를 위해 각국이 취한 이동제한 조치에 따른 식량 이동의 불확실성이 식량의 생산·가공·유통 등에 심각한 영향을 미칠 가능성이 있고, 특히 빈곤층과 취약계층에 큰 타격을 입힐 것이며, 세계적인 식량부족 사태가 발생할 수도 있다고 경고하고 있다. 유엔 산하 세계식량계획WFP 데이비드 비즐리David Beasley 사무총장은 2021년 최악의 식량 위기가 올 것이라고 경고했다. 2020년 FAO는 1억 3천만 명이 만성 기근에 내몰릴 것으로 전망했지만, 코로나19의 여파로 인해 식량 공급량이 감소하면서 세계 기아 인구는 2020년 예측치보다 2배 늘어난 2억 7천만 명에 달할 것이라고 수정했다.[7]

이러한 식량위기 예측에 세계 각국은 다양한 방식으로 대응하고 있다. 러시아, 인도 등 주요 식량 수출국은 자국의 수급 안정을 우선시하면서 단기 수출제한 조치를 단행했다. 한편, 이집트, 필리핀, UAE 등 주요 수입국들은 수입 확대, 사재기 방지 등 식량 비축량을 늘리기 위해 노력하고 있다. 미국이나 유럽 연합 등 농업 인력 면에서 이주노동자에 많이 의지하는 국가들은 국경 봉쇄로 인한 노동력 감소를 우려하면서 수확 시기를 앞두고 입국 제한을 일부 완화하는

---

7   "코로나19로 내년 최악의 식량위기 닥친다" 연합뉴스. 2020.11.16. 한종구 기자

이무진

조치를 취하고 있기도 하다.[8]

현재 예상되고 있는 식량위기는 2007년~2008년, 2010년~2011년 발생한 식량난(애그플레이션agflation[9]) 같은, 식량 시장의 특성과 수요와 공급, 심리적 요인이 작용했던 과거의 식량위기와는 다르다. 과거 두 차례의 식량위기는 ①기상 악화로 인한 농산물의 작황 부진에 따른 생산량 감소 ②바이오 연료 등 대체 연료 활성화 ③농산물 경작지 감소 ④육식 증가로 인한 가축 사료 수요의 증가 ⑤중국과 인도 등 브릭스 국가들의 경제성장으로 인한 곡물 수요 증가 ⑥국제 유가 급등으로 곡물 생산, 유통 비용 증가 ⑦유동성 증가에서 비롯된 투기자본의 유입에서 비롯된 것이었다. 하지만 미국 농무부USDA의 「세계곡물 수급 전망」(2020.4.9.)에 따르면, 2019/2020년도 세계 전체 곡물 재고율은 30.4%로 추정된다. FAO 권장 적정 재고율이 17~18%임을 감안하면, 전 세계 곡물 재고량이 아직 충분함을 보여주는 자료이다.[10] 이것을 보고 확인할 수 있는 것은, 현재 진행 중인 식량위기는 과거에 나타났던 원인들이 없음에도 발생하고 있는, 이전과 다른 양상의 위기라는 것이다.

문제는, 어떤 경우라도 모든 국가와 개인의 식량 접근성이 확보되어야 함에도 코로나 팬데믹 이후 식량 수출국들에서는 수출제한을

---

8   정현출, 「코로나19로 주목받는 세계 식량안보」, 나라경제, 2020년 9월호.

9   농업(agriculture)과 인플레이션(inflation)의 합성어이다. 농산물 가격 급등으로 일반 물가가 상승하는 현상을 지칭한다.

10   미국 농무부(USDA) 「세계곡물 수급 전망」 2020.4.9.

하고 식량 수입국들에서는 식량 사재기 현상을 보이는 등, 일부 국가들의 경우 전략적으로 식량 비축을 하고 있다는 것이다.

코로나19와 식량위기 문제를 정리해보면 다음과 같다. ①코로나19로 인한 식량 위기는 수요·공급만의 문제가 아니다. 바이러스 확산으로 공급망 자체가 타격을 입고 있고, 이러한 모습이 식량위기로 나타나고 있다. 예컨대 유럽에서 소비가 많은 파스타 면의 경우, 캐나다에서 생산된 밀을 이탈리아가 수입해 공장에서 파스타 면으로 만들고 트럭과 선박을 이용해 유럽의 마트를 거쳐 최종 소비지에게 전달된다. 하지만 코로나19를 막기 위한 국경폐쇄 조치나 이동 제한령은 재료나 상품의 운송을 멈추게 하고 공장 조업도 중단시키고 있다. 또한 직원들이 확진 판정을 받는 등 각종 변수가 발생하여 안정적인 공급에 차질이 빚어지고 있다. 현재 세계는 전례가 없는 바이러스 감염병 확산으로 인해 2007~2008년의 세계 곡물가격 폭등과 세계금융위기, 2010~2011년의 세계 이상기후로 이어진 식량 불안정과 식량전쟁의 기미가 재현되고 있는 것이다.

②코로나19로 인한 세계 식량 시장의 혼란은 그동안 북대서양 국가들이 주창해온 비교우위 경제이론에 근거한 글로벌 분업화와 신자유주의 무역자유화의 허상과 모순을 분명히 드러내고 있다. 아울러, 코로나 팬데믹을 거치며 WTO 중심의 다자간 세계질서도 점차 붕괴되고 있다. 다시 말해, 시장 개방과 관세 인하를 통한 식량의 자유로운 교역이 식량 접근성을 높이고 식량안보를 강화하는 데 유리하다는 주장은 코로나19로 인한 세계질서 개편 양상을 보면 완전

이무진

한 허구임이 드러났고, 이런 허구적 논리가 식량 수입국의 식량난만 만연시켰음을 알 수 있다. 2020년 3~4월 농산물 수출 제한 조치를 단행했던 20개국 가운데 오직 4개국만 WTO에 그 조치를 통보했는데, WTO 회원국의 의무규정조차 무시된 셈이다. 또, 미국의 자국 중심 경제 논리가 코로나19로 인해 다른 국가들에서도 나타나고 있고, 이것은 (이번 사태에서 세계적 식량 수급 조절에 관하여 어떤 역할도 하지 못했던) WTO 해산을 비롯해 현 세계를 유지해오던 질서가 변화될 수도 있음을 보여준다.

물론, 우리 사회와 관련해 가장 큰 문제는, 케인즈 그룹 등의 주장을 충실히 따르면서 자국의 식량자급을 포기하고 값싼 수입 식량에 길들여진 대다수의 식량수입국들, 특히 우리 사회는 향후 빈번히 나타날 수 있는 코로나19 같은 감염병의 확산 국면에서 식량위기에 내몰릴 가능성이 크다는 것이다.

2. 기후위기와 농업

기후위기로 인한 농업과 식량의 문제는 이보다 더 심각하다. 2020년 봄철 발생한 냉해는(이 냉해는 1, 2월의 한파를 비롯해서 5월 초 대설주의보 등 2021년에 더욱 강력한 양상으로 재현되고 있다) 과일만이 아니라 전체 농산물의 생산을 감소시켰고, 긴 장마와 집중호우는 주식인 쌀과 배추 등의 생산량을 급감시켰다. 여기에 2021년 1월에 발생한 한파는 한국에서도 이제 기후변화에 의한 농업생산량 감소가 8~9월 태풍 시즌만의 문제가 아니라 연중 내내 진행될 수 있음을 확인해주고 있다.

농민들은 기후변화로 가장 큰 피해를 입는 집단이다. 폭염과 한파, 집중호우와 잦은 수퍼 태풍은 들판에서 일하는 농민들의 건강과 안전을 위협할 뿐 아니라 농업생산량을 급감시킨다.

모두가 아는 사실이지만, 기후위기의 근본적 원인은 인간의 경제활동이다. 그러나 보다 구체적으로 근본적 원인을 지적하자면, 그것은 자본의 탐욕적 운동일 것이다. 더 많은 이윤을 창출하기 위한 자본의 활동이 기후위기를 야기한 주범이라는 데 세계의 많은 학자들이 동의하고 있다. 인간이 배출한 온실가스는 지난 150여 년간 지구 평균 기온을 1℃나 올렸고 세계 각지에서 기상이변이 속출하고 있다.

식량을 생산하는 활동, 즉 농업 생산은 기후위기에 얼마나 영향을 미치고 있을까? 2020년 8월 발표된 국회 입법조사처 보고서 「농업 분야 기후변화 영향 및 온실가스 배출 현황과 시사점」에서 우리는 1990~2017년 국내 온실가스 배출량 추이를 확인할 수 있다. 보고서에 따르면, 국내 온실가스 배출량에서 농업 분야가 차지하는 비율은 1990년 7.2%에서 2017년 2.9%로 4.3% 감소했다. 2017년 배출량의 경우, 전년과 견줘 산업공정(6%)·에너지(2.2%)·폐기물(2%) 등 모든 분야가 증가세를 보였지만, 농업 분야는 유일하게 0.3% 감소세를 나타냈다. 또 이 보고서는, 국내 식량 생산과 유통 분야를 묶어 15% 정도의 탄소 발생량을 예측하고 있는데, 이로써 국내 식량의 경우 절대적으로 유통 분야에서 탄소가 발생하고 있음을 짐작

2020년 8월, 경기도 안성시 일죽면 일대의 풍경

할 수 있다. 국내 수송 부문에 의한 배출량이 전체 가스 배출량의 19.4%에 이르므로, 식량 문제의 경우 생산에 의한 배출량보다 유통에 의한 배출량이 훨씬 더 크다는 사실을 확인할 수 있는 것이다. 특히, 식량자급률이 21.7%밖에 되지 않는 식량 수입국인 한국의 현재 조건에서는 식량 수입 과정에서 발생하는 탄소의 비율이 높을 수밖에는 없다.

그렇다면 농업·식량 분야에서 탄소 배출량을 줄이기 위해서는 우선적으로 식량 자급이 가능한 방향으로 농정을 수립하고, 지역에서 생산되고 소비되는 로컬푸드의 양을 높이는 한편, 먹거리를 공공재로 바라보는 관점을 정립할 필요가 있을 것이다.

더불어, 유통 과정에서 발생하는 탄소 배출량을 줄이려면 국내 농산물 유통체계의 변화도 절실하다. 현재 전국의 농산물은 가락시장으로 이동했다가 다시 지역으로 분산되고 있다. 현재 가락시장은 도매시장 기준가격을 제시하는 시장인 동시에 전국 32개 공영도매시장 취급물량의 35% 가량을 차지할 정도로 거래물량 비중이 높은데, 경매제도만으로 운영되고 있다. 가락시장이 경매제도만으로 운영되면서 발생하는 가격 결정의 경직성은 한국 농업 전반에 영향을 미치고 있다. 농민들이 가격 결정에 참여하게 하는 방식 등을 통한 새로운 경쟁체계로 변화하지 않는 한, 서울로 집중되었다가 다시 지역으로 이동하는 농산물 유통구조를 바꿀 수 없고, 불필요한 수송 과정에서 발생하는 탄소의 배출량을 줄일 수도 없을 것이다.

3. 농업의 지속가능성 확보, 최적의 기후위기 대응

왜 농민들은 화학비료를 사용하는가? 이런 질문을 해 본 적이 있는가? 흠집이 조금 있거나 크기가 작아도 소비자가 기꺼운 마음으로 소비한다면, 농민들 쪽에서도 보기 좋은 농산물만을 생산하려 하지는 않을 것이다. 대표적인 경우가 유기농산물이다. 소비자들이 거들떠보지도 않는 농산물을 생산하려는 농민은 없기에, 유기농산물 생산이 많아지려면 소비자들부터 유기농 등 친환경 영농방식으로 생산된 농산물을 다른 시선으로 봐야만 한다.

또, 에너지순환농업에 대해 농민들의 반응이 왜 미지근한가를 생각해본 적이 있는가? 비용이 지나치게 높은 데다 생산물의 품질 또한 화학비료를 사용했을 때보다 좋지 않기 때문에, 아예 선택할 수가 없는 것이다. 이것이 현재 한국농업의 현실이다.

이무진

그럼 대체 이 같은 상황이 어떻게 변해야 비로소 농민들이 탄소 배출량을 저감하는 영농방식을 고민할 수 있을까? 농업의 지속가능성을 높이는 농정으로의 변화가 절실하다. 농업을 공공산업으로 보고 농업에 대한 국가의 책임성을 높이는 변화가 긴요하다. 나는 이러한 변화를 식량주권을 실현하는 농정으로의 전환이라고 말하고 싶다.

이러한 전환을 위한 가장 우선적인 과제는 농산물 가격을 보장하는 제도의 도입이다. 2019년의 경우, 농산물 가격이 폭락하여 농가소득에서 농업소득이 차지하는 비중이 고작 24%에 불과했다. 농사지어서 얻은 소득만으로는 생계를 유지할 수 없는 구조인 것이다. 여기에 소비자들은 빛깔 좋고 때깔 좋은 농산물만 찾는 문제도 있다. 때문에 농민들은 균일한 농산물을 생산하고, 동시에 생산비를 줄이기 위해 화학비료 같은 화학제품을 사용할 수밖에는 없다. 이런 구조적인 문제는 내버려 둔 채 농민들에게 탄소 배출량을 줄여야 한다고 요구한다는 것은 어불성설이다. 요컨대, 농산물의 지속적 생산이 가능한 사회구조를 만드는 것이 기후위기에 대응하는 최우선의 농정 과제이다.

이 문제를 해결할 과제로 전국농민회총연맹은 '주요농산물 공공수급제'를 제시하고 있다. 쌀은 80만 톤(공공비축 35만 톤+농협 계약 35만 톤+기존 10만 톤)을 유기농으로 계약재배하고 주요농산물에 대해 정부조달 방식으로 20%를 공공급식에 활용하며, 이중 5%를 비축에 활용하자는 안이다. 또, 현재 15%선인 생산안정제 물량을

20%로 확대하고 농협 등 기존 계약재배 또는 유통시장개혁을 통해 확인 가능하고 공적인 분야에 생산된 농산물의 50% 이상을 활용하자는 안이다. 이런 제도 속에서 전체 농민의 80% 정도를 차지하는 2ha미만 경영 농가를 조직화한다면, 농사를 통해 일상생활이 가능한 소득을 보장하여 농업 생산의 지속성을 높일 수 있을 것이다. 그뿐만 아니라 최소한 한 끼라도 공공급식 방식으로 국민에게 공급함으로써 국민 건강권을 지키는 국가의 역할도 수행할 수 있을 것이다. 미국의 농업예산 가운데 (영양보충지원 프로그램을 포함하여) 국민에게 먹거리를 공급하는 정책에 할당되는 비중이 76.5%라는 생각해본다면, 전국농민회총연맹의 요구는 차라리 소박한 요구라 할 것이다.

4. 농지의 태양광 발전 시설과 자본의 이익

문재인 정부의 재생가능에너지 사업에 반대할 이유는 전혀 없다. 하지만 현재와 같이 농지에 태양광 패널을 이식하는 방식, 즉 농촌 파괴, 농지 훼손을 야기하며 자본에게만 이익이 돌아가는 방식에는 반대하지 않을 수 없다. 왜 농촌에 태양광 패널들이 우후죽순처럼 들어서고 있는 걸까? 그건 그 땅이 워낙 값싸서 이윤을 창출하기에 최적인 땅이기 때문이다. 그렇다면 그 이윤은 누가 가져갈까? 불편함을 감수하고 살아가는 농민들일까? 아니다. 그 시설을 설치할 자본을 가진 이들, 즉 투자자와 자본가들이 이윤의 대부분을 챙겨가고 있다. 마을 자립형이니 협동조합형이니 말만 많을 뿐이지, 결국 투자를 할 수 있는 자본 있는 사람이 이윤을 뽑아가고 농민들은 그저 삶의 터전만 빼앗기는 꼴이 오늘날 우리네 농촌의 실상이다.

현재 비농민의 농지 소유율은 최대 60%(통계청 45%, 상속 등 드러나지 않은 농지 15%)인 것으로 조사되고 있다. 더 나쁜 것은, 농촌진흥지역에서 영농형 태양광을 농지전용 없이 20년간 설치할 수 있게 하는 정책을 현 정부가 그린뉴딜의 한 핵심 정책으로 추진하고 있다는 것이다. 정부는 이것이 농민소득 증진을 위한 것이라고 말하고 있다. 농업소득으로는 농촌에 살아갈 수 없으니 태양광 발전 소득이라도 챙겨서 농촌에 살라는 이야기인데, 결국 농민을 거지 취급하는 논리일 뿐이다. 어차피 농사지어서는 먹고 살기 어려우니 그것이라도 해서 살아가라. 이러한 농업 멸시의 논리가 횡횡하고 있는 것이다.

태양광 패널이 농지를 잠식하고 있다. @한국농정

이런 방식의 영농형 태양광 패널 설치 정책은 비-농민의 농지 소유를 더욱더 부추기고 종국엔 농지 훼손으로 귀결될 것이다. 태양광 발전 수익이 농사 수익보다 높고, 직불금이 태양광 패널 설치자에게 지급되면, 토지소유주가 농사를 짓는 것처럼 위장하고 직불금과 태양광 발전 소득만 챙기려고 할 것이야 불 보듯 뻔한 일이다. 결국 식량을 생산할 농지만 훼손하는 결과를 빚어낼 것이다. 매년 공공택지 개발 등으로 농지가 자연 감소되고 있고, 식량자급률이 21.7%밖에 되지 않는 나라에서 너무나도 한가한 이야기가 아닌가? 정말로 식량을 수입해서 먹어도 아무 문제가 발생하지 않는다고 생각하는 것일까?

쌀 최대 생산국이었던 필리핀의 식량 폭동, 러시아가 막아버린 밀 수출로 촉발된 중동의 식량난, 코로나19 이동 제한과 국경폐쇄로 진행되고 있는 새로운 식량위기를 생각해보라. 향후 세계는 식량을 자급하는 나라와 그렇지 못한 나라로 구분될 것이다. 그렇다면 우리는 어떻게 해야 할까?

5. 새로운 농정의 틀이 필요

현재 한국은 주요 식량 품목 대부분을 수입하는 식량 수입국이고, 식량자급률은 OECD 회원국 중에서 최하위권이다. 2013~2015년, 전 세계 평균 곡물자급률은 102.5%이다. 하지만 한국의 곡물자급률(사료용 포함)은 2017년 기준 23.4%에 그치고 있다. 이 중 쌀은

94.5%, 보리쌀은 24.9%, 밀은 0.9%, 옥수수는 0.8%, 콩은 5.4%, 서류는 95.2%, 기타 곡물은 9.3%에 머물고 있다.

다시 강조하지만, 이러한 상황은 식량 수입의 문이 닫힐 수 있는 위기 국면에서는 극히 위험할 것이 자명하다. 따라서 이제는 식량을 공공재이자 전략물자로 인식하고 식량자급률을 높이는 정책으로 과감히 전환해야 한다. 이를 위해서는 사회적 합의가 먼저 필요하다. 그리고 이 토대 위에서 농업의 공익성과 그것을 보호해야 하는 국가의 역할을 헌법에 명시해야 하는 한편, 신자유주의 개방, 규모화 농정을 위해 존재하는 「농업, 농촌 및 식품산업 기본법」을 폐기하고, 공익적 가치를 지닌 농업에 대한 국가의 책임성과 농민의 기본 권리를 담은 새로운 법(이를테면 「농민기본법(가칭)」을) 제정해야 한다.

같은 맥락에서, 앞에서 언급했듯 생산비와 연계되는 국가 지원을 원천적으로 봉쇄하고 있는 WTO의 족쇄를 과감히 버리고, 우리의 기초 농산물 생산기반이 유지되도록 주요농산물 가격을 안정시키고 보장하는 공공 수급제를 도입해야 한다. 생산된 농산물의 50% 이상을 공적 영역에서 유통하는 공공 수급제가 바람직하다. 이 점에서, 유럽연합의 공동농업정책CAP인 '2021~2027 CAP 개혁안'은 우리에게 시사하는 바가 크다. WTO는 특정 작물의 생산을 유발하는 각국 정부의 재정 지원을 제한하고 있다. 유럽연합은 2003년 생산과 연계된 직불금을 폐지했고, 2014년에 이를 되살린 바 있는데, 이번 개혁안에서는 직불금 확대를 결정한 것이다. 농산물을 공공재

가 아닌 교역의 대상으로만 보는 WTO 체제에서는 더 이상 농업의
지속성을 확보하기 어렵다고 판단하고 있는 것이다.

농지 개혁도 필수사항이다. 농업의 생산토대인 농지를 투기의 대
상으로만 생각하면서 농업의 지속성을 이야기하는 것은 어불성설
이다. 현재 한국의 경지면적은 해마다 줄어 1970년 전체 국토의
23.3% 수준에서 2019년엔 15.7%로 감소했다. 국민 1인당 경지면적
도 0.04ha로 세계 평균(0.24ha)에 비하면 매우 작다. 헌법에 명시된
'경자유전의 원칙'은 물론이고, 식량을 자급할 수 있는 수준의 농지
를 보호하기 위해서라도 농지개혁이 반드시 필요하다.

농촌 문제를 지역 균등 발전의 문제로 접근해야 한다. 농촌사회

2021년 3월 31일, 전국동시다발 투쟁선포식. 전농제주도연맹. 제주도청앞.

이무진

소득 양극화 등 구조적 문제를 해결하고 지역 균등 발전을 이뤄내는 법(「농촌계획법(가칭)」)을 제정하여, 자본이 농촌을 무분별하게 개발하는 것을 막고 새로운 농업·농촌 발전의 길로 들어서야 한다.

농정 개혁에서 특히 중요한 것이 생산자-농민 중심이라는 관점이다. 농업을 가장 잘 아는 사람은 손에 흙을 묻히며 일하는 농민이다. 그리고 농업은 농민이 존재하기에 지속가능하다. 하지만 현재 우리 사회의 경우, 생산하는 농민이 농정의 중심에 서 있지 못함으로써 나타나는 문제들이 즐비하다. 농민을 정책의 피동적 대상으로만 바라본다면 농정은 실패할 수밖에 없을 것이다. 문재인 정부 농정의 실패는 현장 농민이 배제된 것에서부터 시작되었다고 봐도 무방하다.

또, 개인의 영양상태는 면역력에 큰 영향을 미친다는 사실이 새삼 자각되어야 할 것이다. 충분한 영양을 공급하는 농업은 감염병 확산을 막는 국가적 방역과도 밀접한 연관이 있다. 때문에 농업을 국민들의 면역력을 증진하는 하나의 방편으로 보고 농업의 지속성을 보장하는 정책과 제도가 제시되어야 한다. 여기에 더해, 코로나19 사태가 보여준 세계 식량 공급망의 붕괴 가능성, 기후위기로 인한 식량위기 가능성까지 생각해본다면, 지속가능한 농업과 농촌이라는 과제는 농업 분야, 농촌의 과제가 아니라 우리 모두의 과제임이 분명하다.

코로나 팬데믹과 기후위기라는 오늘의 위기는 식량 자급이 가능한 사회 체제로 전환해야 함을 우리에게 확인시켜주고 있다. 11개월간 상승한 국제식량지수로 인해 이미 우리의 식탁 물가는 요동치고 있다. 이러한 위기를 지혜롭게 극복하려면, 새로운 환경에서 농업의 지속성을 보장하는 농정의 새로운 틀이 필요하다. 하지만 그런 틀이 나오려면, 농업과 식량의 중요성에 관한 인식의 개선이 우선일 것이다.

이무진

1995년부터 현재까지 전남 해남 땅끝에서 농사를 짓고 있는 농사꾼이다. 처음 해남에 내려가 초보 농민으로 남의 일을 도와주며 마련한 임대한 땅에서 농사도 잠시. 면 농민회 결성에 20대가 훌쩍 넘어갔고, 이후 해남군 농민회 사무국장을 역임했다. 해남군 농민회 시절, 홍콩 WTO 각료회의 저지 투쟁과 한미FTA 저지 투쟁으로 1년 내내 길거리에서 살다시피 했다. 해남군 농민회 사무국장 이후 이장, 지역 초등학교 운영위원장, 농협 대의원 등을 지내며 지역공동체 활성화를 위해 노력했다. 2014년부터 다시 해남군농민회 사무국장을 역임하고, 2019년까지 전농 광주전남연맹 정책위원장을 역임했다. 지금은 전국농민회총연맹에서 정책위원장으로 2년 임기 중 2년째 활동 중이다. 한국에서 살아가는 농민으로 한가지 꼭 해 보고 싶은 소원이라면 통일된 조국에서 북녘 농민들과 통일 조국의 식량계획을 같이 수립해보는 일이다.

이무진

4장

코로나×기후 시대, 공장 동물과 휴머니멀

김현지

동물권행동 카라 정책실장

문재인 대통령이 당선된 2017년 대선 당시 카라를 비롯한 동물권 진영과 더불어민주당은 '동물권 향상을 위한 정책협약'을 맺었다. 정책협약 전문에서는 "동물은 물건이 아닌 생명이다. 인간과 동물의 생태적 공존을 위한 노력이 필요하다. 이에 더불어민주당과 동물보호단체는 제19대 대통령선거를 맞아 동물권 향상을 위해 상호협력하기로 하고 다음과 같이 협약을 체결한다"라고 했고, 7대 과제가 필요하다고 명시하고 있다: 1 반려동물복지향상을 실현한다. 2 지속가능한 동물복지 축산정책을 추진한다. 3 동물복지 확보 및 효과적인 위험관리를 위한 방역정책을 수립한다. 4 실험동물의 복지를 위한 규제 및 실험자 의무를 강화한다. 5 야생동물 보호 정책을 강화한다. 6 전시동물 시설의 관리기준을 강화한다. 7 인간과 동물의 생태적 공존 실현을 위한 기반 마련과 행정 정비를 적극 검토한다.

이 협약을 맺은 지 벌써 4년이 훌쩍 지났다. 내년 5월 대통령 임기 만료를 앞둔 시점에 그간 상기 과제가 얼마나 이행되었는지를 짚어보면, 성공적으로 이행된 경우는 없고 '노력했으나 미흡한 경우', '노력했다고 보기 어려운 경우', '노력은커녕 거꾸로 간 경우' 등이 섞여 있는 것으로 보인다. 일례로 제7 과제의 경우, 정책협약 당시 그 세부과제로서 ▲동물복지 실태조사 제도 확립 ▲지자체 동물보호 전담인력·전담부서의 설치 ▲국가 동물복지위원회 설치 ▲헌법에 동물권 명시 ▲동물보호 교육 정규과정 편성 등이 제시되었으나, 이 가운데 문재인 정부 기간 진전이 있었던 사항은 경기도 등 극소수 지자체에 동물보호 전담부서가 설치된 것과 (실현 여부를 떠나) 헌법에 동물권을 명시하려 했던 노력이 전부다. 그리고 이러한 몇몇 사항을 빼면 현재까지 이뤄진 바가 거의 없으니 '노력했으나 미흡한 경우'라고 평가할 수 있겠다. 제2 과제와 제5 과제는 '노력했다고 보기 어려운 경우'에 속하는 낙제점이며 특히 제3 과제는 '노력은커녕 거꾸로 간 경우'에 해당되어 정책 방향 설정부터 재고가 필요한 상황이다. 노력이 상대적으로 부진한 제2 과제와 제3 과제는 농장동물 분야이고 제5 과제는 야생동물 분야인데, 공교롭게도 농장동물과 야생동물 분야는 오늘날 전지구적 이슈와 맞물려 여러 측면에서 정책적 중요성이 더욱 중차대하게 대두되고 있어 국내 동물 정책 방향이 과연 시대의 요구에 부응하고 있는지, 점검이 요구된다.

김현지

1. 공장식 축산

지구온난화 가속화 페달을 밟으며 문명의 위기로 치닫고 있는 기후변화 문제는 전 지구인이 함께 대응하지 않으면 안되는 우리 시대의 절대 의제가 되었다. 또한 코로나19 팬데믹 속에서 인류는 야생동물과 적절한 거리를 유지하는 한편 인간–동물간 관계를 재설정할 것을 요구받고 있다. 그리고 축산업, 특히 공장식 축산업은 오늘날 지구적인 이슈로서 인류를 위협하고 있는 기후변화와 인수공통감염병 문제 모두와 밀접하게 얽혀있다.

'공장식 축산CAFO(Concentrated Animal Feeding Operation)'이란 공장에서 물건을 찍어내듯 더 많은 고기를 생산하기 위해 작은 공간에 많은 가축을 밀집시켜 사육하는 축산 방식을 말한다. 현재 국내 축산물 99%가 공장식 축산 방식으로 생산되고 있다. 공장식 축산은 생산비를 최대한 낮추고 사육의 편의성을 높이기 위해 동물 본연의 습성을 철저히 억압한다. 감금틀 사육, 강제환우强制換羽, 신체 훼손 등은 공장식 축산의 지향점이 오직 수익추구라는 것을 단적으로 드러낸다.

치킨 닭으로 알려진 육계는 태어난 지 겨우 30여 일 만에 도계장에서 도축된다. 달걀용인 산란계 수평아리는 태어나자마자 분쇄기에 산 채로 갈려 죽임을 당한다. 산란계 암탉은 1년 6개월이 안 되는 평생을 A4 용지 한 장 크기도 안 되는 곳에서 날개 한번 펼치지 못하고 살아가는데, 이러한 닭들 5~6마리가 한 케이지 속에서 서로 몸을 부대낀다. 강제환우는 인위적 털갈이로서, 산란율 향상 효과

공장식 축산시설(배터리 케이지)에 있는 산란계

동물복지 농장에 있는 산란계

김현지

공장식 축산시설(스톨)에 있는 돼지

동물복지 농장에 있는 돼지

를 기대하고 닭에게 절식·절수· 점등·소등 등으로 극도의 스트레스를 유발하는 잔인한 행위인데, 이제야 비로소 금지가 검토되고 있다. 극심한 스트레스 속에 닭들은 같은 공간 속 동료를 공격하는 이상행동을 보이는데 이에 대한 소위 '예방' 차원이라며, 축산업자들은 마취도 없이 병아리들의 부리를 자른다. 그러나 부리 자르기로 예방될 리 없는 동족 공격 등의 이상행동은 계속 만연하고 있고, 배터리 케이지 속에서 닭들은 동료의 사체를 밟고 올라서기도 한다. 이러한 배터리 케이지가 9층 높이 혹은 그 이상까지 쌓여 있으니, 한곳에서 10만 마리 이상 사육하는 일도 가능하다. 그야말로 공장인 것이다.

돼지의 사정도 열악하기는 마찬가지이다. 아기 수퇘지는 웅취雄臭 제거를 위해 비-의료인에 의해 마취 없이 거세를 당하고 살찌움을 당하다 태어난 지 6개월 만에 도축된다. 가임기의 암퇘지는 비의료인에 의해 인공수정되는데 이렇게 임신이 되면 좌우로 몸도 돌리지 못하는 어깨너비 폭의 스톨에 갇혀, 앉았다 일어섰다 밖에 할 수 없는 상태로 출산을 기다려야 한다. 분만틀에 갇혀 출산한 뒤에는 아기 돼지들과 곧 헤어져 또다시 같은 과정을 반복한다. 돼지는 생태적 욕구를 일절 충족시킬 수 없는, 극도로 삭막하고 무료한 환경에서 심신의 스트레스를 받으며 철창을 물어뜯거나 동료를 공격하는 비정상적 행동을 보인다. 이에 대한 '예방' 차원에서 축산업자들이 하는 일이란 아기 돼지의 송곳니를 뽑거나 꼬리 등을 미리 잘라버리는 것이다.

김현지

스트레스를 받아 면역력이 떨어진 동물들에게는 항생제가 투여된다. 항생제 남용, 유전적 단일성, 비위생, 동물학대 등 여러 문제를 복합적으로 안고 있는 공장식 축산의 역사. 그러나 이와 같은 방식의 축산은 인류의 축산 역사를 돌아볼 때 채 100년이 되지 않았을 정도로 짧다.

2. 동물은 산업의 도구일 뿐
-정부가 주도한 국내 공장식 축산 99%

국내에서는 50년 전까지만 해도 공장식 축산이 없었지만, 오늘날은 이야기가 다르다. 우리는 지금 이 순간에도 우리의 식탁에 오르기 위해 태어난 약 2억 마리 가량의 농장동물과 함께 숨 쉬며 살아가고 있다. 사육되는 동물의 수가 이렇게 많았던 적이 없건만, 이들을 만나기란 축산 관계자가 아니고서는 더욱 어려워졌다. 농장동물은 자연과 이미 멀어졌고 축산 현장은 점점 은폐되어 가고 있다.

똑똑하고 규칙적인 생활을 하는 닭이 모래 목욕을 하고 나무에 오르고, 호기심 많고 깨끗한 돼지가 주변을 탐색하고 더위를 식히기 위해 진흙 목욕을 하는 풍경을 우리는 이제 좀처럼 볼 수 없다. 대신 우리가 목도하는 것은 '농장' 아닌 '공장'이다. 창문 하나 없이 꽉 막힌, 정말 공장처럼 생긴 축사, 햇볕 한줄기 들어가기 힘든 어두움, 눈이 아리도록 가득찬 암모니아 악취, 환풍기 등 기계 돌아가는 소음, 그리고 소음 속에 묻힌 동물들의 비명. 그 어느 때보다도 많은 동물들이 우리 곁에서 살고 있지만, 마트의 축산물이나 식당의 음식이 아니라면 이들을 마주할 수 없는 것이 우리의 현실이다.

우리와는 달리 해외 일부 국가들에서는 동물복지의 중요성이 사회적으로 부각된 지 오래이며, 이러한 흐름은 공장식 축산의 축소와 복지형 축산으로의 전환으로 이어지고 있다. 개별 국가 차원에서는 그보다 20년 앞서간 경우가 있지만, 유럽연합 전체 차원에서는 2012년부로 산란계 배터리 케이지가 금지되었고, 2013년부로는 돼지 스톨이 금지되었다.

반면, 우리 정부는 감금틀 사용 금지는커녕 감금틀 철폐의 원년조차 목표로 제시하지 못한 채 머뭇거리고만 있다. 2020년 발표된 농림축산식품부의 '동물복지 5개년 계획'에서 우리는 돼지 스톨 사용을 교배 후 6주 이내로 제한하는 규정 도입에 대해 무려 10년의 유예기간을 주기로 했으며, 산란계 배터리 케이지 전환을 위한 로드맵을 '향후' 마련하겠다는 것 정도의 미미한 의지만을 확인할 뿐이다.[11]

감금틀 금지조차 아닌데도 동물복지 문제에서 이토록 변화가 더딘 것은, 정부의 정책이 여전히 공장식 축산 체제 유지로 향해 있고 심지어 이 체제를 여전히 지원하고 있기 때문이다. 국내 육류 소비량은 고도화된 공장식 축산이 없었던 시절(1970년 1인당 육류 소비량 5.2kg)에 비해 10.5배(2019년 1인당 육류 소비량 54.6kg) 가까이 늘

---

11   농림축산식품부, 「2020~2024년 동물복지 종합계획」, 2020.01, 45.

김현지

어났다.[12] 이 같은 배경에는 축산업 경쟁력 강화를 명분으로 공장식 축산을 적극 장려했을 뿐만 아니라 육류 등 축산물 소비를 강하게 권장해온 정부가 있는 것이다.

농림축산식품부는 1994년 내놓은 'WTO 체제 출범에 대응-축산업 경쟁력 제고 대책'에 따라 부업으로 축산을 운영하는 영세 농가를 축산업의 주요한 문제로 지목, 한 축종을 대량으로 사육하는 농가에 자동화 설비를 위한 예산을 지원했다. 정부가 일정 수 이상, 대량으로 동물을 사육해야만 지원을 했기 때문에 농가들은 대량생산이 아니면 축산업을 포기해야 하는 선택의 기로에 놓이게 됐고, 그렇게 소규모 축산은 점점 사라져 갔다. 그 결과, 전체 가축의 수는 급증한 반면, 농가 수는 급감해 현재는 대규모 기업농이 대부분이다.

한편 정부는 한 경영 주체가 종축·사료·도축·가공·판매에 이르기까지 전 단계에 걸쳐 통합 운영하는 '계열화' 경영을 이상적 형태로 보고 예산을 배정했다. 하지만 계열화는 자본을 몇 개의 대기업에 집중시켜 입식부터 도축, 심지어 가공·판매까지 전 과정을 장악하게 함으로써 소농의 자립 기반을 흔들고 대안적 축산의 가능성을 뿌리째 해치는 결과를 낳았다. 이미 계열화가 많이 진행된 육계의 경우, 축산 농가의 자율성은 거의 없는 상태라고 봐도 무방하다.

막대한 예산을 배정해온 '축사시설 현대화 사업'은 규모화를 지

---

12   농림축산식품부, 「농림축산식품 주요통계」 각 연도.

향해온 정부의 공장식 축산 친화적 정책 지향을 잘 보여주며, 사업의 성과지표를 통한 동물착취도 확인된다. 어미 돼지를 착취, 더 많은 새끼를 낳게 해 더욱 많이 도축할수록 농가가 높은 점수를 받는다든지, 1일 닭의 증체량에 따라 농가의 성적을 매긴다든지 하는 것이 그 실례. 동물복지는커녕 골절로 인한 닭의 상해나 심장마비로 인한 급사 등 동물의 고통과 죽음은 파악조차 되지 않고 있다.

이렇듯 정권과 무관하게 정부는 동물을 지각력과 삶의 의지가 있는 생명의 주체가 아니라 산업의 도구로만 보고 질주하기만 했고, 그 결과 국내 축산업은 99% 공장식 축산 일색이 되고 말았다. 현재 연간 10억 마리 이상의 동물이 (우리의 음식을 위해) 태어나 도살되고 있는데, 자연 수명을 훨씬 거슬러 소는 태어난 지 2~3년 만에, 돼지는 6개월 만에, 닭은 30여일 만에 도살장으로 끌려가고 있다.

30년 넘게 공장식 축산을 육성해온 정부의 드라이브는 정권과 무관하게 좀처럼 방향을 바꾸지 못하고 있다. 축산업의 기본이 되는 축산법의 경우 여전히 동물복지 개념 자체가 부재한 상태이다. 대한민국 동물보호법이 제정된 것이 1991년도인데, 2012년 첫 도입된 동물복지축산농장 인증제의 근거 또한 축산법이 아닌 동물보호법일 정도로 국내 축산은 동물복지와 크게 괴리되어 있다. 동물복지축산 인증농장이나 동물복지를 고려하는 대안적 농장은 국내에서 소수에 불과하다.

김현지

3. 동물의 역습-인수공통전염병Zoonotic Disease

공장식 축산의 문제는 동물복지 차원에 머물지 않는다. 공장식 축산은 질병 전파의 위험을 높일 뿐만 아니라 가축전염병과 인수공통전염병의 주요한 원인으로 지목되고 있다. 국내의 공장 동물들은 밀집환경과 감금틀 같은 열악한 여건에서 온갖 스트레스의 누적으로 인해 면역력이 현저히 떨어진 채로 살아가고 있다. 건강하지 못한 몸으로 각종 세균과 바이러스 감염의 위험에 노출된 채, 항생제 또한 과다 주입 받는 악순환이 반복되고 있다.

인간-동물-환경의 건강이 서로 밀접하게 연결되어 있다는 '원헬스One Health' 개념은 이미 상식으로 통한다. 오늘날 새롭게 나타나는 감염병 질환의 75%는 인수공통감염병으로 알려져 있다. 한데 공장식 축산체제에서는 동물착취만 문제되는 것이 아니라 동물들 자체가 절대 건강할 수 없고, 이러한 상황은 다시 인류의 건강, 아니 인류의 생존을 위협하고 있다.

전 세계를 발칵 뒤집어놓은 코로나19 감염병의 확진자는 이 글을 쓰는 지금 1억 7천 1백 54만여 명, 사망자는 3백 68만여 명에 이르고 있다. 사스, 메르스와 마찬가지로 코로나19는 코로나바이러스 계열이며, 동물에서 인간으로 넘어온 동물 유래 바이러스의 일종이다. 사스 바이러스SARS-CoV는 박쥐로부터 사향고양이에게 전파되어 다시 인간에게 옮겨졌고, 메르스 바이러스MERS-CoV는 박쥐로부터 낙타에게 전파되어 다시 인간에게 전파되었다. 코로나19 역시 박쥐에서 유래한 코로나 바이러스로 확인되었지만, 박쥐가 직접 인간을 감염시킨 것인지, 천산갑 내지는 밍크 같은 중간숙주를 거쳐 인간에게 온 것인지는 아직 미지수다. 최근 세계보건기구WHO 조사팀은 코로나19가 박쥐에서 시작돼 또 다른 동물을 거쳐 인간에게 옮겨왔을 가능성이 크다는 내용의 보고서를 내놨다. 보고서는 박쥐에서 바이러스가 발생해 다른 동물을 거쳐 인간에게 전파됐다는 시나리오를 '매우 개연성 있다'고 평가하고, 중간숙주인 동물은 포획된 뒤 농장에서 자란 야생동물일 것이라고 추정했다.[13]

실제 유럽과 북미의 밍크 농장에서는 코로나19 대규모 감염 사례가 끊이지 않고 있다. 현재까지 알려진 것은 인간에서 동물에게 전파된 경우들이며, 코로나19 전파 경로가 밝혀지려면 시일이 더 걸릴 것이다. 하지만 이러한 동물 집단 사육 농장에서 바이러스 전파 위험이 높다는 점, 동물과 동물간 뿐만 아니라 인간과 동물간 전파 또한 일어날 수 있다는 점만은 뒤흔들 수 없는 사실이다. 한 곳에 많은 동물을 집중적으로 사육하는 대규모 농장에서 바이러스 변이의 위험 또한 높으리라는 점도 마찬가지이다.

4. 바이러스 슈퍼 배양소, 공장식 축산

코로나19 이후 돼지독감 바이러스가 또 다른 팬데믹으로 번질 수

---

13   Joint WHO-China Study, WHO-convened Global Study of Origins of SARS-CoV-2: China Part(14 Jan-10 Feb 2021), Joint Report, 2021.03.

있다는 연구 결과가 나오기도 했다. 2020년 중국 연구진이 돼지독감 바이러스를 추적 관찰하던 중 새로운 종류의 바이러스를 발견한 것이다. 바이러스의 이름은 'G4 EA H1N1'이며, 유럽과 아시아에서 유행한 조류독감EA, 2009년 유행한 신종플루 바이러스H1N1, 돼지독감 인플루엔자G4가 결합된 형태라고 한다. 이 논문에 따르면, 해당 바이러스가 돼지로부터 사람에게 전파된 사실도 확인됐다. 돼지 사육장에 근무하는 338명의 사람들 중 35명(10.4%)이 검사에서 양성 반응을 보인 것으로 알려졌다.[14]

당시 국내에서는 '신종플루', WHO는 '인플루엔자A'라고 불렀던 돼지독감 바이러스H1N1의 대유행 시점은 2009년으로 거슬러 올라간다. 2009년 4월부터 2010년 10월까지 전세계에서는 1만 9천여 명이, 국내에서는 263명이 사망했다. 진원지는 멕시코와 미국이었다. 2009년 2월 멕시코 라 글로리아La Gloria 지역에서 집단적인 감기 및 발열 증상이 발생, 마을주민 1천 8백 명 중 60% 가량이 독감에 감염됐으며 사망자가 나오기 시작했다. 마을 근처에는 세계 최대 양돈기업 스미스필드Smithfield의 가공공장이 있었다. 주민들은 이 공장의 분뇨와 파리떼를 독감의 원인으로 지목했으며, 과학자들은 유전자 분석을 통해 이것이 돼지독감 바이러스의 출처임을 확인했다.

---

14   Jiyu Liu et. al., Prevalent Eurasian avian-like H1N1 swine influenza virus with 2009 pandemic viral genes facilitating human infection, Proceedings of the National Academy of Sciences, July 21, 2020.

2009년 대유행한 돼지독감 바이러스는 1998년 이후 10년 동안 북미대륙에서 돌연변이를 거듭하면서 진화해온 것으로 추정된다. 미국, 캐나다, 멕시코의 공장식 축산 돼지 농장에서 지속적으로 돌연변이 했을 가능성이 높다. 돼지의 몸에서 인간, 조류, 돼지의 독감 바이러스가 서로 뒤엉켜 돌연변이가 일어난 것이다. 이 3중 조합 돼지독감 바이러스는 1998~2009년 종간 장벽을 넘어 사람에게 산발적으로 전염되었다. 감염자들은 모두 양돈장, 도축장 등 돼지와 가까이 있던 사람들이었다.[15]

　　한편 조류독감AI 역시 인수공통감염병이라는 사실이 확인되고 있으며, 바이러스 변이도 나타나고 있다. 조류독감 바이러스의 인간 감염이 처음으로 확인된 것은 1997년 5월 홍콩이었다. 사망한 세 살 아이의 몸에서 고병원성 조류독감 바이러스H5N1가 발견된 것이다. WHO는 2020년 12월 발표한 보고서에서 2003년 이후 17개국에서 'H5N1' 조류독감으로 인해 455명이 사망했고, 862명이 확진되었다고 밝혔다. H5N1뿐만 아니라 H7N9, H9N2 등 다른 조류독감 바이러스의 인체 감염 사례가 보고되고 있고, 최근 러시아에서는 H5N8형 조류독감 바이러스의 인간 감염 사례를 확인하고 이를 WHO에 보고했다.[16]

15　박상표, 가축이 행복해야 인간이 건강하다, 개마고원, 2012, 166-168.

16　러시아 "조류독감 H5N8형 인간 감염 세계 첫 확인", 경향신문(2021.02.21)
　　http://news.khan.co.kr/kh_news/khan_art_view.html?artid=20210221115900
　　1&code=970100.

　　　　　　　　　　　　　　　　　　　　　　　　　　　　김현지

이처럼 인플루엔자 바이러스는 인간과 가축을 넘나들며 끊임없이 변이를 일으켜 진화하고 있고, 때때로 수많은 이들의 목숨을 앗아가고 있다. 광우병, 돼지독감, 조류독감 같은 인수공통전염병과 관련하여 공장식 축산은 전파와 양성 등 바이러스의 진원지 역할을 하고 있다. 바이러스의 슈퍼 배양소인 공장식 축산은 동물의 건강과 인간의 건강 모두를 위협하고 있는 것이다.

5. 기후위기와 공장식 축산

공장식 축산은 기후위기도 가속화한다. 최근 미국 해양대기청 NOAA의 발표에 따르면, 코로나 팬데믹에 따른 전 지구촌 셧다운에도 불구하고 2020년 대기 중 이산화탄소 농도는 지난 360만 년 중 어느 때보다도 높은 것으로 나타났고, 메탄의 대기 중 농도도 크게 늘었다.[17]

세계적으로 연간 600억 마리 이상의 동물이 도살되고 있고, 지난 50년간 전 세계 육류 소비는 5배, 대기 중 메탄 농도는 약 2배 증가했다. 메탄은 적은 양으로도 기온을 높이기 때문에 이산화탄소와 마찬가지로 배출량을 줄여야 하는 온실가스에 속한다. 가축의 트

---

17 Despite pandemic shutdowns, carbon dioxide and methane surged in 2020, NOAA(2021.04.07.). https://research.noaa.gov/article/ArtMID/587/ArticleID/2742/Despite-pandemic-shutdowns-carbon-dioxide-and-methane-surged-in-2020.

림, 방귀, 대변에서 발생하는 메탄가스의 온실효과는 이산화탄소의 무려 25배에 이른다.

설상가상으로, 온실가스의 주요한 흡수원인 숲이 가축에게 먹일 사료 재배를 위해 곡물 경작지로 바뀌고 있다. 지구의 허파, 아마존 산림이 사라지는 주된 원인은 축산의 대량화로 인한 사료용 곡물 재배이다. 국제식량농업기구FAO가 발간한 보고서 「가축의 긴 그림자Livestock's Long Shadow」(2006)는 사료 운반, 가축분뇨 등으로 인한 온실가스가 전체 온실가스 배출량의 18% 이상이라고 경고한 바 있다.

이미 도래한 기후위기 속에서 공장식 축산의 지속가능성은 0에 가깝다. 공장식 축산을 철폐하고 육식을 줄여야 한다는 것은 오늘의 시대가 요구하는 뒤흔들 수 없는 당위이다.

6. 대전환의 지연

그러나, 사태가 이러함에도 한국에서는 이러한 대전환이 계속해서 지연되고 있다. 카라KARA를 주축으로 한 시민단체에서는 '생명과 지구를 살리는 시민소송'이라는 이름으로 지난 2013년 5월 30일 1,129명의 시민 청구인과 함께 축산법 등 공장식 축산을 허용하는 현행 축산 관련 법령이 위헌이라는 요지의 헌법소원 심판을 청구했다. 이 소송은 공장식 축산이 헌법에 명시된 인간의 건강권, 환경권을 침해할 뿐만 아니라, 동물을 열악한 사육환경에서 학대하고 있

김현지

다는 취지에서 제기됐다. 2년 반만인 2015년 9월 24일, 헌법재판소는 이에 대해 '기각' 결정을 내렸다. 당시 헌법재판소는 "지나치게 열악한 환경의 가축사육시설에서 사육되고 생산된 축산물을 섭취하는 경우 인간의 건강도 악화될 우려가 있다. 국가는 건강하고 위생적이며 쾌적한 시설에서 가축이 서식할 수 있도록 함으로써 소비자인 국민의 생명·신체의 안전에 관한 기본권을 보호할 구체적인 헌법상 의무가 있다"며 국가는 가축이 건강하고 쾌적한 시설에서 지낼 수 있도록 해야 한다는 헌법상 의무 있음을 인정했다. 그러나 결정적으로 "현행 축산 관련 법령이 국민의 생명·신체의 안전과 관련된 기본권을 보호하기 위한 최소한의 조치를 하고 있다"고 판단하고 기각 결정을 내린 것이다. 날로 심각해지는 공장식 축산의 해악과 이것이 파생하는 다종다양한 문제의 심각성을 충분히 인식하지 못하고 있다는 한계를 여실히 드러낸 판결이었다.

역대 모든 정권처럼 문재인 정권 역시 공장식 축산체제를 유지했을 뿐, 그 어떤 변화도 꾀하지 않았다. 방향 제시는 물론 없었다. 통합적인 동물복지 행정 단위로서 현행 축산의 방향 대전환을 이끌어줄 추진체 또한 여전히 부재하다. 기존 농림축산식품부 동물복지위원회의 국가 동물복지위원회로의 승격은 지연되고 있고, 동물보호와 축산은 농림축산식품부 내에서도 축산의 높은 장벽에 가로막혀 따로 돌아가고 있다. 이와 같은 상황을 볼 때 '동물권 향상을 위한 정책 협약'의 제2과제 '지속가능한 동물복지 축산정책 추진'은 매우 지지부진한 상태로 '노력했다고 보기 어려운 경우'로 보인다. 정책협약 세부과제로서 제시된 ▲감금틀 사육의 단계적 금지 ▲동물복지 축산농장에 대한 강력한 인센티브 도입 ▲축산물 사육환경 표시제의 전면 도입 ▲동물복지 도축장과 인도적 운송차량 전면 확대 등은 과연 현 정부가 의지를 갖고 있는지조차 의구심이 들 정도로 속도가 매우 더디거나 우선 순위에서 멀리 밀려나 있다.

동물복지 축산농장에 대한 강력한 인센티브는 전무하고, 소비자를 복지 축산물 구매로 연결해주는 축산물 사육환경 표시제는 전 축종을 통틀어 달걀 난각卵殼[18] 이상으로 확대되지 못하고 있다. 소비자가 복지 축산물을 구매하고 싶어도 복지 축산물 자체가 소수인 데다, 있다 해도 공장식 축산물과 구분할 방법조차 없는 것이다. 2019년 2월부터 시행되고 있는 달걀 난각 표시제는 2017년 8월 살충제 달걀 사태가 발단이 되어 만들어진 것으로, 난각에 산란일자, 생산자 고유번호, 사육환경 번호가 표시되도록 하는 제도이다. 당시 정부는 소비자가 알기 쉽게 사육환경을 포장재에 표시해 달라는 동물보호단체의 의견을 반영하지 않았다. 공장식 축산의 복지축산 전환의 시급성과 복지 축산물 구매로의 연결을 조금이라도 고려했더라면 다르지 않았을까.

---

18   달걀의 맨 바깥층의 난막(卵膜)이 단단하게 굳은 물질, 즉 껍질을 뜻한다.

김현지

7. 지연을 넘어 역행으로-동물방역의 경우

이렇듯 동물복지 개념의 견인차 역할이 부재한 가운데 정책협약의 제3과제 '동물복지 확보 및 효과적인 위험관리를 위한 방역정책 수립'의 경우 노력은커녕 완전히 역행하는 결과를 빚고 말았다.

2020년과 2021년 겨울, 조류독감 방역을 명목 삼은 생명 대학살과 행정 폭력은 역대 최악에 버금갔다. 2020년 11월 26일 정읍 육용 오리농장에서 고병원성 조류독감이 발병한 이래 방역 당국이 무조건적인 3km 예방적 살처분 방침을 고수, 무려 3천만 마리의 가금류 희생을 초래한 것이다. 법률에는 발생농장 살처분을 원칙으로 하되 발생농장이 아닌 경우 예방적 살처분은 위험도 평가에 따라 범위를 조정할 수 있도록 규정하고 있다. 또한 조류독감 확산 추세가 수평적 전파가 아닌 산발적 감염이라는 점에서 3km 예방적 살처분이 과도하다는 각계의 비판이 초기부터 쏟아졌지만, 방역 당국은 듣지 않았다. 이로써 감염되어 살처분된 동물의 수보다 비-감염 상태였지만 살처분된 동물의 수가 전체의 70% 이상에 이르게 되었다.

병아리들에게 풀을 베어 먹이고, 동물복지를 보장하는 환경에서 닭을 기르며 달걀로써 경제활동을 영위해 나가던 대안적 마을공동체, 화성 산안마을에 예방적 살처분 명령이 떨어진 것은 2020년 12월 23일이다. 하루 전날 마을에서 1.8km 떨어진 공장식 산란계 농장(당시 31만여 마리 규모)에서 고병원성 조류독감H5N8이 확진되어서이다. 과거 800m 떨어진 농장에서 조류독감이 발생했을 때도 예방적 살처분 없이 자체 방역 강화로 두 차례나 건강한 닭들을 지켜

냈던 산안농장이다. 한편 경기도와 화성시의 방역선진형 농장 사업지로서 자체 방역이 더욱 철저해졌지만, 이러한 사정은 전혀 고려되지 않았고 3km 이내에 속한다는 이유만으로 (위험도 평가나 방역심의회 없이) 무조건 죽이라고만 했다. 2017년 3월 참사랑 산란계 동물복지농장이 부당한 살처분 명령에 저항하여 건강한 닭 5천 마리를 지켰던 것처럼, 산안마을도 조류독감에 걸리지 않은 건강한 닭 3만 7천 마리를 지키고자 했다. 닭들은 바이러스 최대 잠복기 이후에도 매일매일 조류독감 음성 판정을 받았고, 어떠한 감염 징후도 보이지 않았음은 물론이다.

그러나 정부는 최대 잠복기가 지나 이미 무효해진 살처분 조치 명령을 취소해 달라는 농장의 지속적인 요청을 묵살하며 목적을 상실한 살처분 조치를 끝내 강행했다. 국회에 출석한 김현수 농림축산식품부 장관은 무효해진 살처분도 꼭 해야 한다는 취지로 '살처분 형평성'이라는 말도 남겼다. 산안마을의 비-감염 닭 3만 7천 마리는 2월 19일 방역상 위험해서가 아니라 잘못된 정부 정책과 불통의 관료제로 인해 기어이 목숨을 잃고 말았다.

과학적 방역을 체계적으로 실시하는 것이 아니라 모든 동물을 사전에 죽여 없애버리는 탁상행정 살처분은 결코 답습되어서는 안 된다. 2016년과 2017년 겨울 조류독감 발생 시 4천만 마리가 살처분되는 등 2003년 이래 지금까지 고병원성 조류독감과 구제역으로 약 1억 마리의 동물이 희생됐다. 방역당국의 살처분 의존적 대응은, 발병 원인은 밝혀내지 못한 채 멀쩡한 동물 살처분에만 열을 올리는

김현지

형국이다. 조류독감 발병 농장 반경 3km 이내에 있다는 이유 하나만으로 절차상 규정된 위험도 평가나 방역심의의 실행 없이 예방적 살처분 명령을 남발하는가 하면, 모든 동물을 미리 죽여 없앨지언정 항원뱅크[19]를 구축해 놓고서도 백신 시행은 미루고 있다. 살처분 남발 행태는 2019년 9월 발병한 아프리카돼지열병ASF 대응에서도 찾아볼 수 있다. 당시 과학적 근거 없이 방역대가 행정구역 전체가 되어 행정구역 내 모든 돼지가 예방적 살처분 대상으로 확대되어 살처분이 진행되었다. 이것은 방역이 아니라 차라리 광기의 살육이다.

생명의 희생을 줄이려는 노력은 찾아볼 수 없고, 오히려 당국의 생명 경시를 걱정해야 하니 씁쓸하기만 하다. 이번 조류독감 사태에서도 포크레인이 살아있는 닭들을 찍어누르고, 산 채로 푸드덕거리는 닭들을 분쇄기 위에 던지는 등 인도적 살처분 규정에 어긋나는 행태가 드러났다. 무조건적 살처분 탁상행정의 폐해 속에서 우리는 무엇을 잃고 무엇을 얻고 있는 걸까?

8. 농장동물 바로보기 – 음식이 아닌 생명

동물은 물건이 아니다. 하지만 동물을 물건 취급하는 일이 팽배하고 축산업은 그 정점에 있다. 시대와 우리의 양심이 요구하는 공

---

19 백신 바이러스를 대량으로 생산하여 냉동 보관하는 것으로 백신 완제품 개발의 바로 전단계를 의미한다.

장식 축산체제의 대전환을 위해서, 무엇을 해야 할까?

대전환의 견인차로서 국가가 방향을 바로잡는 일이 가장 시급하다. 지각력 있는 존재로서 동물의 법적 지위 개선이 중요한 이유다.

2018년 3월 20일, 동물권 활동가들은 각지에서 하던 일을 멈추고 생중계로 흘러나오는 청와대 민정수석비서관의 목소리에 귀를 쫑긋 세웠다. 대통령 개헌안의 일부 내용이 처음으로 공개되는 순간이었다. "지속가능한 발전과 또한 동물보호에 대해서 국가가 그 정책을 수립하는 그런 조항을 신설했다"는 발표와 동시에 우리는 수십 년 묵은 체증이 풀리는 듯한 희열을 느끼며 뜨겁게 환호했다. 대한민국 건국 이래 최초로 동물의 보호를 헌법에 명시하겠다는 국가적 의지가 확인된 순간이었기 때문이다.

며칠 뒤인 3월 26일, 대통령 개헌안은 정부 개헌안으로 국회에 발의되었고, 제38조 제3항에는 '국가는 동물보호를 위한 정책을 시행해야 한다'는 문장이 명시되었다. 만일 이 개헌안이 통과된다면 고통 속에 방치되기 일쑤였던 동물들도 획기적인 삶의 전기를 맞게 될 터였다. 그러나 개헌은 이뤄지지 않았다. 당해 6·13 지방선거와 함께 국민투표에 부치려던 6월 개헌은 이를 위한 국민투표법 개정안 처리 데드라인이었던 4월 23일을 국회가 여야의 대치 속에 허무하게 넘겨버리며 좌절되고 말았다. 1987년 이래 30년 만에 찾아온 절호의 개헌 기회는 그렇게 사라졌고, 헌법에 동물보호를 명시하는 과제 또한 미완으로 남아 있다.

미완의 헌법 개정 이후, 최근 법무부가 동물을 물건으로 규정하

김현지

고 있는 민법을 개정하겠다는 소식이 들려온다. 가족으로 자리매김한 반려동물의 지위를 그에 맞게 바꾼다는 취지이다. 반가운 소식임에는 틀림없지만, 대전환을 생각한다면 농장동물이 외면되어선 안 될 것이다.

2017년 3월, 동물의 법적 지위를 개선하기 위한 민법 개정안이 발의되었으나 20대 국회에서 임기 만료로 폐기된 바 있다. 이번 민법 개정은 미완이 아니라 국가의 방향성을 바로 세우는 대전환의 시작점이 될 수 있기를 간절히 바란다. 음식이 아닌 생명으로서 농장동물을 바라봤으면 한다.

김현지

워라밸이 어려운 시민운동 11년 차, 본격 동물운동 7년 차 활동가이자 휴머니멀. 인간 외 동물에게 더이상 미안하지 않은 세상을 빨리 앞당기길 원한다. 동물권행동 카라(KARA)가 인생의 전환점으로, 매일매일 새롭게 배워가며 일하고 있다. 육식주의 매트릭스 깨뜨리기, 사육환경 표시제, 공장식 축산 철폐, 예방적 살처분 반대 운동 등을 펼쳐 왔다. 동네 길고양이 케어테이커이자 현재 카라의 정책실장으로서 동물보호·복지 관련 법제 개선을 위해 노력 중이다. 국내 동물보호 현실은 정말 갈 길이 까마득한데, 특히 동물보호의 블랙홀 같은 개식용 산업이 제발 철폐되었으면 좋겠다.

5장

플라스틱, 쓰레기 대란과 순환경제 사이

홍수열

자원순환사회경제연구소 소장

적폐 청산을 기치로 출범한 정부였지만 역설적이게도 진짜 쓰레기를 치우느라 분주한 정부로 남을 듯하다. 지난 20년간 쌓이고 쌓인 문제가 곪아 터져 쓰레기 산으로 돌아왔다. 쓰레기 분야에 한정해서 보면 20년간 유지해 온 시스템이 한계에 봉착하여 터졌다고 볼 수 있다. 낡은 시스템을 고치고 새로운 전환을 할 시점이다.

1. 쓰레기 대란, 쓰레기 산 그리고 코로나

현 정부의 쓰레기 문제를 압축해서 보여주는 단어는 쓰레기 대란, 쓰레기 산, 코로나다. 2018년 중국의 쓰레기 수입금지 조치 이후 전 세계 재활용 시장의 불안정성이 높아졌고, 그 영향으로 수도권지역 아파트를 중심으로 폐비닐 수거중단 사태가 발생했다. 아파트 재활용품을 매입하던 민간 재활용사업자들이 돈이 되지 않는 폐비닐은 처리하기 어렵다고 수거를 중단해 버린 것이다. 2018년 상반기 내내 폐비닐 수거중단 사태로 수도권이 몸살을 앓았다. 수거중단이 모든 아파트에서 발생한 것도 아니었고, 수거중단이 발생한 아파트도 실제 수거중단이 된 기간이 얼마 되지도 않았지만, 쓰레기들이 처리되지 않을 수도 있다는 사실에 국민들은 엄청난 충격을 받았다.

폐비닐 수거중단 사태는 민간 재활용사업자에게 아파트 재활용품 수거를 의존하는 시스템의 한계가 드러난 것이었다. 민간 재활용 사업자가 주도적으로 재활용품을 관리하는 시스템은 재활용 시장이 잘 작동할 경우에는 매우 효율적이지만, 시장이 침체될 경우 문제가 발생한다. 수익성을 추구하는 민간 사업자들이 돈이 되는 재활용품 위주로만 수거하기를 원하기 때문에 돈이 되지 않는 재활용품은 애물단지가 돼버리기 때문이다. 2000년 이후 중국의 고도 경제성장으로 촉발된 전 세계 재활용 시장 호황기에 기대 손쉽게 재활용을 하다 2018년 중국이 그 문을 닫으면서 파탄이 난 것이다.

2018년 하반기부터는 쓰레기 불법 투기 문제가 대두되기 시작했다. 물론, 쓰레기 불법 투기가 이 시기에 시작된 것은 아니다. 몇 년 전부터 누적돼오던 불법 투기 문제가 이때서야 전국적인 현안으로 부상하기 시작한 것이다. 필리핀에 불법 수출된 쓰레기가 국제 환경 문제로 불거졌고, 연말에는 경북 의성군의 약 20만 톤에 달하는 쓰레기 산에서 꺼지지 않는 화재가 발생해서 여론이 들끓었다. 의성 쓰레기 산은 2019년 3월에 CNN에 보도가 되면서 한국의 불법 투기를 상징하는 곳이 되었다. 2019년 1월 환경부 조사에 따르면, 전국 235곳에 약 120만 톤의 쓰레기가 투기되거나 방치되어 있는 것으

홍수열

의성 쓰레기산 모습

로 나타났다. 환경부는 2019년 2월 발표한 대책에서 2019년 안에 40%의 불법 폐기물을 처리하고, 나머지 60%는 2022년까지 처리를 완료하겠다고 했다. 2020년 11월 기준으로 120만 톤 쓰레기 중 114만 톤이 처리가 완료되어 애초 목표보다는 신속히 진행되었으나, 그 사이 약 40만 톤의 불법 투기된 쓰레기가 추가 발견되었다. 쓰레기 불법 투기 문제가 구조적 문제로 고착되었음을 알 수 있다.

2020년은 코로나19 사태의 여파에서 쓰레기 문제도 비켜나지 못했다. 비대면 소비의 증가로 인해 플라스틱 1회용품 쓰레기 발생량이 급증했다. 온라인 구매(택배)는 전년 대비 19.8% 증가했고, 음식 배달 시장은 75.1% 증가했다. 이로 인한 쓰레기 발생량 증가는, 환경부에 따르면 잠정적으로 폐비닐이 11%, 플라스틱 쓰레기가 14.6%

인 것으로 나타났다.[20] 비대면 소비 증가로 인한 1회용 플라스틱 쓰레기는 코로나 이전부터 증가하는 추세였지만, 코로나로 인해 그 증가 속도가 빨라졌다. 눈앞에 쌓이는 1회용 플라스틱 쓰레기 더미를 보면서 사람들이 플라스틱 쓰레기 문제의 심각성을 더욱 실감하게 되었다. 집안에 쌓이는 플라스틱 쓰레기로 인한 쓰레기 우울증이 코로나 우울증의 하나로 꼽히고 있다.

2. 국내 쓰레기 발생량과 처리량

한국에서는 2019년 기준 매일 49.7만 톤의 쓰레기가 발생하고 있다. 쓰레기 발생량은 지속적으로 증가하고 있는데, 2019년의 경우, 전년 대비 11.5% 증가했다. 건설폐기물이 44.5%, 사업장배출시설계폐기물이 40.7%, 생활폐기물이 11.7%, 지정폐기물이 3.1%를 차지했다.[21] 쓰레기 발생량으로 보면 건설폐기물과 사업장폐기물이 절대 다수인 셈이다. 특히 건설폐기물 발생량이 거의 절반을 차지하고 있어 문제가 심각하다. 2019년 기준으로 연간 쓰레기 발생량으로 환산하면 1억 8천만 톤이다. 전 세계 쓰레기 발생량을 150억톤 내외로 보는데, 국내 쓰레기 발생량은 전 세계 쓰레기 발생량의

---

20   환경부 등, 생활폐기물 脫플라스틱 대책, 2020.12.24
21   사업장배출시설계폐기물은 공장에서 시설가동으로 배출되는 쓰레기를 말한다. 지정폐기물은 유독폐기물을 말한다.

약 1% 정도이다. 생활쓰레기 1인당 하루 발생량은 2019년 기준으로 1.09kg이며, 연간 배출량은 약 398kg이다. OECD 국가 대부분이 1인당 연간 생활쓰레기 배출량이 400kg이 넘어가고, 독일은 약 600kg, 미국은 약 750kg 정도 되는 것을 감안하면, 우리 국민의 생활쓰레기 배출량이 그렇게 많은 것은 아니다.[22] 그렇지만 단위면적당 쓰레기 발생량으로 따지면, 한국이 미국의 7배에 달할 정도로 많기에 단순히 국민 1인당 생활쓰레기 배출량이 많지 않다고 만족할 문제는 아닐 것이다.

국내 전체 쓰레기 재활용률은 2019년 기준 86.6%이고, 생활폐기물 재활용률은 59.7%이다. 경이로울 정도로 높은 수치이다. 생활폐기물 재활용률은 전 세계에서 가장 높다. 전체 재활용률은 계속 상승하는 추세이지만, 생활폐기물 재활용률은 2019년 전년 대비 0.4% 포인트 낮아졌다. 생활폐기물 재활용률이 낮아진 이유는 그동안 재활용 생활폐기물로 분류되었던 선별잔재물을 항목에서 제외하는 것으로 통계집계 방식이 변했기 때문이다.

그러나 국내 쓰레기 통계의 재활용률에 대해서는 많은 비판이 제기되고 있다. 재활용 시설로 반입되는 물질 전부를 재활용량으로 집계하기 때문에 실제 재활용되는 양과는 차이가 발생한다는 것이다.

---

22 국가별 폐기물 분류 및 통계집계 방식의 차이가 있기 때문에 국가 간 쓰레기 발생량 통계의 비교는 절대적 의미가 있는 것은 아니다. 한국은 고물상 등을 통해서 재활용되는 폐지, 고철 등이 통계에서 누락되는 양이 있기 때문에 실제 생활쓰레기 배출량은 더 많을 수가 있다는 것을 감안해야 한다.

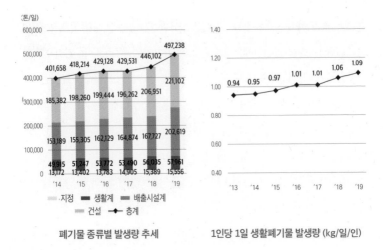

(톤/일)

폐기물 종류별 발생량 추세

1인당 1일 생활폐기물 발생량 (kg/일/인)

독일의 경우, 한국처럼 재활용시설로 반입되는 물질 전체를 재활용량으로 집계하다가 선별된 후 실제 재활용되는 물질의 양만을 재활용량으로 집계하면서 재활용률인 67%에서 50% 수준으로 조정된 사례가 있다. 한국도 현재 통계상의 재활용률은 명목 재활용률에 불과하고 실제 재활용률은 이보다는 훨씬 낮을 것으로 추정되는데, 정확한 실질 재활용률 산정이 필요하다. 플라스틱에 한정해서 보면, 분리 배출된 플라스틱 중 오직 54%만이 재활용되고 46%는 쓰레기로 처리되고 있다.

폐기물 통계자료로만 보면 발생한 모든 쓰레기가 처리되는 것으로 나타나기 때문에, 쓰레기 처리시설의 부족 여부를 판단하기란 어렵다. 국내 쓰레기 처리시설 용량은 충분할까? 환경부 자료에 따르면, 2018년 기준 소각업체의 소각시설 허가용량은 2,153톤/일이지

홍수열

만 실제 소각장에 소각된 양은 2,518톤이다. 소각업체의 허가용량을 17% 초과하여 쓰레기가 소각된 것이다. 국내 최대 소각업체의 평균 소각처리단가의 경우 2017년 톤당 12.4만 원에서 2018년 14.5만 원, 2019년 16.4만 원으로 지속적으로 상승하고 있다. 같은 업체에서 운영하는 매립지의 매립단가는 2017년 7.8만 원에서 2018년 12.2만 원, 2019년 18.1만 원으로 이 역시 크게 상승하고 있다.[23] 쓰레기 처리시장의 지표를 보면, 시설용량에 비해 발생량이 많아 시설을 무리하게 가동할 뿐만 아니라 단가도 상승하고 있음이 확인된다. 발생되는 쓰레기가 제때 원활하게 처리되지 않고 처리비도 비싼 탓에 쓰레기 불법 투기가 일어나기 쉬운 시장구조가 만들어져 있는 셈이다. 단기적으로는 쓰레기 처리시설을 확충하면서 중장기적으로 쓰레기 발생량을 줄이고 재활용량을 늘리는 근본적인 구조전환을 해야만 쓰레기 불법투기의 구조적 악순환에서 벗어날 수 있을 것이다.

3. 정부의 대책

쓰레기 문제가 심각해지면서 정부에서는 범부처 차원의 종합대책을 여러 차례 발표했다. 2018년 5월 재활용 '폐기물 관리 종합대책'을 시작으로 같은 해 9월에는 '제1차 자원순환 기본계획'을 발표했다. 2020년 9월에는 '자원순환 정책 대전환 추진계획'을, 12월에

---

23   코엔텍 사업보고서(금융감독원 공시정보 시스템, http://dart.fss.or.kr)

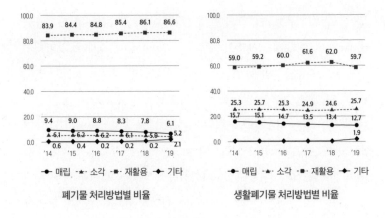

100.0

83.9　84.4　84.8　85.4　86.1　86.6

80.8

60.0

40.0

20.0
　9.4　　9.0　　8.8　　8.3　　7.8　　6.1
　6.1　　6.2　　6.2　　6.1　　5.9　　5.2
0.0　0.6　　0.4　　0.2　　0.2　　0.2　　2.1
'14　'15　'16　'17　'18　'19

●─ 매립　-▲- 소각　-■- 재활용　◆ 기타

폐기물 처리방법별 비율

100.0

80.8

59.0　59.2　60.0　61.6　62.0　59.7
60.0

40.0
　25.3　25.7　25.3　24.9　24.6　25.7
20.0
　15.7　15.1　14.7　13.5　13.4　12.7
0.0　　　　　　　　　　　　　　　　1.9
'14　'15　'16　'17　'18　'19

●─ 매립　-▲- 소각　-■- 재활용　◆ 기타

생활폐기물 처리방법별 비율

는 '생활폐기물 탈脫플라스틱 대책'을 발표했다. 4개의 주요 대책 중 제1차 자원순환 기본계획은 '자원순환 기본법'에 따라 10년 단위로 수립하는 법정 계획으로 가장 중심적인 기본계획이다. 자원순환 정책 대전환 추진계획은 제1차 자원순환 기본계획을 수정·보완한 계획이다. 자원순환기본법에서는 5년 단위로 계획의 타당성을 검토하여 변경하도록 하고 있으나, 코로나 사태 등으로 쓰레기 관리 여건의 변화가 크다고 판단하여 기본계획이 발표된 지 2년 만에 '대전환'이란 야심 찬 이름을 붙인 계획을 발표했다. 생활폐기물 탈플라스틱 대책은 2020년에 발표된 그린뉴딜 및 2050 탄소중립 대책과 연계하여 단기적으로 2025년까지 플라스틱의 원천 감량 및 재활용을 확대하고, 장기적으로는 2050년까지 석유계 플라스틱을 바이오 플라스틱으로 100% 대체함을 목표로 하고 있다.

2018년 5월		2018년 9월		2020년 9월		2020년 12월
재활용 폐기물 관리 종합대책	⇨ ⇨	제1차 자원 순환 기본계획	⇨ ⇨	자원순환 정책 대전환 추진계획	⇨	생활폐기물 脫플라스틱 대책

정부의 쓰레기 관련 대책은 생산단계에서부터 폐기단계까지 전 분야에 걸쳐 방대한 내용을 다루고 있기 때문에 세부 내용을 모두 소개할 수는 없다. 폐비닐 대란 및 폐기물 불법투기 등의 일련의 쓰레기 대란 사태를 거치면서 형성된 핵심 흐름을 짚어보면 다음과 같다.

첫째, 폐기물 처리의 공공관리가 강화되고 있다. 공동주택의 경우, 재활용품 수집·선별 업무를 민간업체가 공동주택 관리사무소와 자율적으로 계약을 체결하여 진행하던 관행을 바로잡아 향후 지자체가 책임지고 관리하도록 할 계획이다. 사업장폐기물 처리의 경우에도 민간 처리시설에 의존하는 관행을 탈피해 국가가 공공 처리시설을 설치하여 공공의 역할을 높일 계획으로 있다.

둘째, 발생지 처리원칙이 강화되고 있다. 수도권 지역은 2026년까지 직매립을 금지하여 수도권 각 지자체가 스스로 종량제 봉투를 사전에 처리하도록 할 계획이다. 생활폐기물과 사업장폐기물이 시·도 경계를 넘어 타 지자체로 처리되는 것에 대해 불이익을 주고, 권역 내 처리시설을 확보하여 발생지에서 처리하도록 압박할 계획이다. 수도권 지역 등에서 발생한 쓰레기를 처리하기 위해 민간 사업자가 충남 등 농촌지역에 처리시설을 설치하려는 과정에서 주민과 극심한 갈등이 발생하고 있다. 따라서 환경정의의 관점에서도 발생지 처리원칙이 강화될 필요가 있다.

셋째, 플라스틱에 대한 대책이 강화되고 있다. 생산자·판매업자에 대한 규제강화를 통해서 플라스틱 사용량을 줄이고 생산단계에서 재활용이 쉬운 재질로 대체하도록 규제를 강화하고 있다. 1회용품에 대한 규제의 범위와 강도도 높아지고 있다. 유럽 연합의 2021년 플라스틱세 신설에 맞춰 플라스틱 폐기물부담금 요율도 높이려는 계획도 제시하고 있다. 2030년까지 플라스틱 포장재의 경우 30%까지 재생원료 사용을 의무화하도록 할 계획이고, 2050년까지 바이오플라스틱의 비중을 점차 높이고 석유계 플라스틱 사용량을 제로로 할 계획이다.

4. 정부 정책에 대한 평가

2년 사이에 4회의 범부처 종합대책이 발표된 것은, 쓰레기 문제가 급속도로 악화되었음을 보여주는 동시에 정부에서도 상황변화에 맞춰 대응하고 있다고 긍정적인 평가를 내릴 수는 있을 것이다. 그렇지만 정부의 잦은 대책발표는 정부 대책의 실효성과 신뢰성에 대한 불신을 야기할 수 있고, 기업과 국민들의 혼란을 야기할 수 있다. 10년 단위의 목표는 심사숙고하여 설정하고 이 목표를 달성하기 위한 실행 수단은 상황변화에 따라 바뀌는 것이 바람직한데, 정책의 장기 목표가 무엇인지 명확하지 않거나 목표가 자꾸 변경될 경우 혼란은 불가피할 것이다. 예를 들어 2018년 재활용 폐기물 관리 종합대

홍수열

책에서는 2030년까지 플라스틱 쓰레기 발생량의 50%를 감축하고 70%는 재활용하겠나는 목표를 제시했으나, 2020년 생활폐기물 탈플라스틱 대책에서는 '분리배출된 플라스틱 쓰레기' 145만 톤(플라스틱 쓰레기 총 발생량은 323만 톤)을 기준으로 2025년까지 20%, 2030년까지 50% 줄이겠다는 목표로 변경되었다. 탄소중립을 위해 2050년까지 석유계 플라스틱 사용을 완전히 퇴출하겠다는 계획은 생활폐기물 탈플라스틱 대책에 갑자기 포함된 것인데, 바이오 원료 조달의 가능성을 고려할 때 실현가능성도 의문이고, 바이오 플라스틱으로 100% 전환하는 것이 탄소중립에 기여할 수 있는 것인지도 의문이다. 바이오 플라스틱 확대에 대한 사회적 논의가 부족한 상태에서 정부 주도로 급작스럽게 대책에 포함된 느낌을 지우기 어렵다.

정부에서 부지런하게 만들어서 제시한 대책의 총론은 대체로 틀리지 않았다고 생각한다. 그렇지만 총론을 뒷받침할 각론이 문제이다. 현재 쓰레기 문제의 딜레마는 정부의 대응 속도보다 문제의 악화 속도가 더 빠르다는 것이다. 정부에서는 2018년부터 일관되게 2022년까지 1회용품의 사용량을 35% 줄이겠다는 것이지만 배달시장 확대와 1회용 비닐장갑, 마스크 등 새로운 1회용품의 출현·사용 확대 등으로 줄여나가는 양보다 증가하는 속도가 훨씬 빠르다. 제1차 자원순환 기본계획에서는 2027년까지 1인당 생활폐기물 발생량을 15% 줄이겠다는 목표를 제시했지만, 2019년 발생량은 2018년 대비 오히려 2.8% 증가했다. 2020년 통계는 아직 발표되지 않았으나 코로나 사태로 인한 1회용품 사용 증가를 고려하면 2019년 대

비 또 증가했을 것으로 추정된다.[24]

플라스틱 포장재의 양도 2022년까지 10% 줄이겠다는 목표를 정부는 세워놓고 있지만 매년 1~4%씩 증가하고 있는 플라스틱 포장재의 상승세를 꺾을 수 있는 실질적인 수단이 마땅치 않다. 정부에서는 플라스틱 포장재를 종이나 유리병 등 타재질로 대체하겠다는 계획이나 플라스틱 포장재를 1회용 유리병으로 전량 대체한다면 오히려 운반과정에서 탄소배출량을 증가시키는 문제를 일으킬 수 있다. 플라스틱만 아니면 된다는 식의 맹목적인 달플라스틱 접근은 탄소 저감에 도움이 되지 않는다.

물론 플라스틱 포장재를 재사용이 가능한 유리병으로 대체하는 것이 바람직하지만 현실은 오히려 반대 방향으로 진행되고 있다. 탄산음료의 경우, 재사용 유리병의 사용량이 급감하고 있다. 2015년 3억 5천만 병이 사용되었으나 2018년에는 2억 3천만 병으로 매년 급감하고 있다. 재사용 유리병을 대체해서 1회용 페트병이나 캔이 채우고 있는 실정이다. 재사용 유리병이 급감하는 것은 10년 전부터 지속된 상황이지만 정부나 기업 모두 이에 대해서는 사실상 손을 놓고 있다.

---

24 환경부 자료(생활폐기물 탈脫 플라스틱 대책, 2020.12.24)에 따르면 2020년 상반기 전년 대비 폐플라스틱 발생량이 14.6%, 폐비닐이 11% 증가한 것으로 나타났다. 이 자료는 상반기 지자체 처리시설로 반입된 통계이기 때문에 민간시설까지 포함한 연간 폐기물 발생량을 보여주지는 않지만, 전반적인 추세를 감안할 때 2019년 대비 2020년 생활쓰레기 발생량이 큰 폭으로 증가할 가능성이 매우 높다.

홍수열

1회용 플라스틱 포장재나 1회용품을 줄이기 위해서는 오히려 포장재를 사용하지 않는 제품을 판매하는 매장이나 다회용기로 음료나 식품을 제공하는 사업장이 늘어나는 것이 급선무이다. 다회용기로 음료나 음식을 테이크아웃하거나 배달하고 빈 용기는 회수하여 세척 후 다시 사용할 수 있어야 한다. 개인 혹은 기업 차원에서 1회용 플라스틱을 줄이기 위한 초기 모델들이 조금씩 생겨나고 있으나, 정부 지원 및 인프라 구축은 아직 더디기만 하다. 새로운 모델에 대한 실패의 두려움으로 조심조심 접근하기 때문이다. 문제 발생의 속도를 고려하면 실패를 두려워하지 않는 과감한 조치가 필요하다. 적어도 동네마다 소비자가 자기 용기를 가지고 가서 필요한 만큼 구매할 수 있는, 포장재 없는 매장이 들어서야 소비자들이 피부로 느낄 수 있는 변화가 일어날 것이다.

5. 순환경제, 탈플라스틱 사회로 이동하려면

순환경제, 탈플라스틱은 단순히 환경 문제가 아니라 산업의 문제이기도 하다. 순환경제가 산업의 새로운 기준을 만들고 있기 때문이다. 한국뿐만 아니라 주요 북대서양 국가들 모두 2030년을 목표로 재생가능원료 사용의무화 조치를 도입하거나 강화하고 있다. 재생가능원료가 포함되지 않은 제품은 더 이상 시장에 판매하기 어려운 시대가 다가오고 있다. 따라서 양질의 재생가능원료를 확보하는 것은 환경 문제 해결을 위해서가 아니라 산업의 경쟁력 확보를 위해서

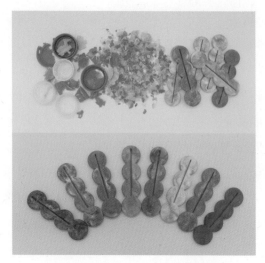

서울환경연합이 운영하는 플라스틱 업사이클링 플랫폼
플라스틱 방앗간의 업사이클링 결과물들

제로 웨이스트 운동의 한 거점, 알맹상점의 풍경

홍수열

반드시 필요하다.

순환경제, 탈플라스틱 사회로 가기 위해서는 우리가 살고 있는 세상을 전면적으로 재설계해야 한다. 개인의 실천을 넘어선 현재의 낭비적 생산과 소비 시스템의 획기적인 전환이 필요하다. 새로운 사회로 전환하는 것은 정부 중심의 규제만으로는 불가능하다. 시민들의 자율적인 역동성과 창의성이 필요하다.

정부 규제 이전에 기업들이 먼저 나서서 제품의 디자인을 개선해야 한다. 포장재 사용량을 줄이고, 재질을 대체하고, 리필이 가능한 제품을 출시하고, 재활용이 쉽게 될 수 있도록 만들고, 재생가능 원료 사용량을 늘려야 한다. 2030년까지 각 산업 분야 전반에 걸쳐서 기업들 스스로 목표와 실천계획을 제시하고, 그것에 대한 사회적 논의가 풍성하게 이뤄져야 한다. 그런 논의가 이뤄질 수 있는 순환경제 플랫폼이 구축되어야 한다.

기업들의 변화를 이끌어내기 위해서는 소비자의 역할이 매우 중요하다. 기업을 감시하고 압박하는 행동을 실천할 수 있는 소비자들의 제로 웨이스트 연대가 필요하다. 쓰레기 발생에 대한 죄책감에 눌려 우울증에 빠져서는 안 될 것이다. 연대와 실천을 통해 변화를 이끌어야 한다.

정부는 단기적인 실적 쌓기에 급급해할 것이 아니라 장기적인 목표를 명확히 제시하고 기업들이 이에 맞춰 투자를 할 수 있도록 견인해야 한다. 2030년까지 모든 플라스틱 제품이 재사용re-use 또는 재활용re-cycle이 가능하도록 제품설계를 바꿔야 하고, 재생가능원료를 의무적으로 사용하도록 해야 한다. 자연생태계에 투기되는 플라스틱 쓰레기의 양이 제로가 되도록 해야 한다.

그레타 툰베리Greta Tunberg는 우리에게 필요한 것은 희망이 아니라 더 많은 행동이라고 말했다. 쓰레기 문제를 해결하기 위해서는 생산자와 소비자, 정부 모두 각자의 자리에서 더 많은 책임을 느끼고, 더 많이 행동해야 한다. 돈키호테는 현실은 진실의 적이라고 했다. 당면한 현실에 눌릴 것이 아니라 우리가 꿈꾸는 미래를 실현하기 위해서 행동해야 한다.

홍수열

온갖 쓰레기 문제를 닥치는 대로 연구하는 1인 연구소 자원순환사회경제연구소 소장을 맡고 있다. 서울대 동양사학과와 환경대학원을 졸업한 후 (사)자원순환사회연대에서 11년간 활동가로 일한 후 쓰레기를 연구하는 연구자의 길로 들어섰다. 서울환경운동연합과 함께 소비자들의 쓰레기 문맹 탈출을 돕는 유튜브 〈도와줘요 쓰레기박사〉를 운영하고 있다. 덕분에 쓰레기 박사, 줄여서 '쓰박'이라는 신박한 별명을 얻게 되었다. 쓰레기 문제로 고민하는 기업들에 대한 컨설팅도 하고 있으며, 언론 인터뷰, 대중 강의도 활발하게 하고 있다. 쓰레기 문제를 쉽게 소개하고 설명해주는 쓰레기 통역가 일을 하고 있다고 자부하고 있다. 쓰레기 문제가 해결되어 백수가 되는 날을 꿈꾸고 있다. 분리배출에 고민하는 사람들을 위한 한국형 분리배출 안내서 《그건 쓰레기가 아니라고요》(슬로비, 2020)를 썼다.

6장

7천 년 문화의 보고를 허무는 가덕도 신공항 건설

이성근

부산 그린트러스트 상임이사

문재인 정부는 국무회의를 통해 "가덕도 신공항의 안전성 등을 검증하는 사전타당성 조사를 1년 만에 완료"하겠다며 속도전을 예고했다. 더불어 '김해신공항 기본계획'과 '김해신공항 전략환경영향평가 용역' 등 김해신공항 관련 업무가 종료되었다. 전략환경영향평가 용역은 2017년 6월 착수해 2018년 12월 초안까지 나왔으나 부산시 등이 반발해 마무리되지 못한 상태였다. 가덕 신공항 특별법이 제정 공포된 날(2021년 3월 16일)로부터 보름째 되는 날이었다.

앞서 2021년 2월 21일, 부산시는 가덕 신공항 특별법안 국토위 통과 기자회견을 통해 예비타당성 조사 면제의 확정 등 99% 만족할 만한 성과를 획득했다며, 되돌릴 수 없는 국가사업으로 고착시키겠다는 입장을 천명한 바 있다. 그리고 2월 25일 문재인 대통령의 전격적인 가덕도 방문이 뒤따랐다. 국민의 힘 박영수 의원 등 15인과 더불어민주당 한정애 의원 등이 제출한 '가덕도 신공항 건설 촉진 특별법안'이 제출된 날로부터 99일째 되던 날인 2월 26일 국회는, 재적의원 재석 229명 중 찬성 181명, 반대 33명, 기권 15명으로 법안을 가결한다.

관련하여 반대 의사를 가장 적극적으로 피력했던 정의당 심상정 의원은 "네 번 국회의원을 하면서 낯부끄러운 법안이 통과되는 것을 많이 봤고 선심성 공약이 난무하는 것도 봤지만 이번처럼 기막힌 법은 처음 본다"면서, "10조 원이 넘는 대형 국책사업을 예타도 면제하고 각종 특혜를 몰아서, 그것도 패스트트랙으로 추진하는 걸 어느 국민이 이해하겠나"라며 법안 통과의 부당성과 문제점을 성토했다.

1. 잘못된 정책 결정

가덕 신공항 특별법 통과 이후 언론의 관심은 사그러 들었지만, 환경단체들을 중심으로 한 문제 제기와 대안모색을 위한 세미나와 토론은 이어지고 있다. 개최된 토론과 세미나 장소에서는 발표자와 토론자, 청중 모두가 마스크를 끼고 있었다. 모두가 아는, 코로나 팬데믹 시대에 일상이 된 풍경이다. 코로나 팬데믹은 지금까지와는 전혀 다른 '지구적 삶'을 우리에게 주문하고 있다. 그것은 산업혁명 이후 야생의 자연을 분별없이 침탈하면서 대두된 기후재앙과 코로나 19의 재앙에 대한 대응으로서 서둘러 문명의 방향을 전환해야 한다는 미션의 주문에 다름 아니다.

그런 점에서, 가덕도 신공항 특별법은 버리고 폐기처분 되어야 할

이성근

낡은 체제의 강요이자 비민주적이고 반시대적인 결정이다. 비슷한 시기 문재인 대통령은 탄소중립 사회의 초석을 임기 내 마련하겠다고 공언했고, 국회는 97.6%의 찬성으로 '기후위기 비상대응 촉구 결의안'을 통과시켰다. 결의안은 다음과 같이 명시했다.

대한민국 국회는 기후위기 상황에 적극적으로 대응하기 위하여 IPCC 1.5℃ 특별보고서의 권고를 엄중하게 받아들이며 정부가 2030 국가 온실가스 감축목표를 이에 부합하도록 적극적으로 상향하고, 2050년 온실가스 순배출 제로를 목표로 책임감 있는 장기 저탄소 발전전략을 수립하여 국제사회에 제출하며, 이를 이행하기 위한 정책을 수립·추진할 것을 촉구하고(…) '정의와 형평성의 원칙'에 따라 전환 과정의 책임과 이익이 사회 전체에 분배될 수 있도록 하고, 부작용과 비용이 사회적 약자, 노동자, 중소상공인, 지역사회에 전가되지 않도록 하며, 기후위기 취약계층 등 사회적 약자에 대한 대책 마련에 나섬으로써, 기후위기와 사회적 불평등을 극복할 수 있도록 '정의로운 전환의 원칙'을 준수한다.

가덕도 신공항 특별법은 이와 같은 결의를 코미디로 만들었다. 전혀 다른 상반된 성격의 정책이 정치적 노림수에 따라 아무렇지도 않게 진행되고 있는 모순적 현실은 현 정부의 기만적 환경 정체성을 가감 없이 드러내고 있다. 사실 기대를 한껏 모았던 문재인 정부의 환경 분야 정책은, 몇 가지 주요 사안을 살펴볼 때 그 진정성이 진작부터 의심되는 것이었다. 예컨대, 4대강 재자연화에 대한 우유부

단한 태도라든지, 도시공원 일몰에 대한 인색한 조치는 실망스러운 수준을 넘어선 지 오래이고 가습기 참사에 관한 태도는 개탄을 금치 못하게 한다. 그러나 현 정부의 정책 기조가 실망을 넘어 '이명박 근혜' 정권의 개발주의와 하등 다를 바 없다는 판단에 이르게 한 것은 가덕 신공항 특별법 추진 과정에서 정부가 보여준 노골적 일방성이었다.

2019년 국무총리실 검증위원회가 가덕도 신공항과 관련해 발표한 결과는 '근본적인 검토'였다. 하지만 근본적 검토는 이루어지지 않았고 백지화로 해석되고 포장되었다. 마치 기다리고 있었다는 듯 정치권은 가덕도를 향해 달려갔고, 지역 언론은 가덕도 신공항 건설을 기정사실화했다.

관련하여 관계 부처가 제출한 입장, 국토교통위가 주최한 입법공청회, 그리고 전문위원 검토보고서 등에서 제기한 문제, 예컨대 가덕도 신공항 건설에 당초 부산시가 추산한 7조 5000억 원의 4배에 달하는 28조 6000억 원이 소요될 수 있고, 안정성·경제성·환경성 등 7개 영역에서 문제가 있다는 국토부 보고서는 지역 언론을 비롯하여 부산시 추진론자들로부터 뭇매를 맞았다. 하지만 터무니없는 것이 아니다. 즉 활주로 1기만 덩그러니 있는 공항을 본 적이 있는가. 공항으로 오가기 위해서는 접근성이 해소되어야 한다. 그 외 배후시설을 비롯하여 인프라 건설 등을 고려하면 빈말이 아닌 것이다.

건설과정의 로드맵 또한 심각하다. 정상적 절차라면 총 16년(192개월)이 공사 기간으로 2036년이 돼야 사업이 종료된다는 것이 국

이성근

토부의 의견이었다. 항공수요 조사에는 12개월이, 사전타당성과 예비타당성 조사, 기본계획수립까지는 36개월이, 실시계획 승인과 공사발주까지는 12개월이, 착공과 준공까지는 2028년부터 2036년까지 96개월이 소요될 것으로 국토부는 전망했다. 이것은 공항시설법과 국가재정법, 건설기술진흥법 등 현행법을 근거로 삼고 있다. 그런데 '특별법'은 이 과정과 절차들을 무시(간소화 내지 생략)하고 2029년 완공을 목표로 한다. 부산시가 패스트트랙을 강조한 이유다. 다시 말해, 실시설계가 완성되기 전에 시공이 가능한 초기 공사를 먼저 시작함으로써 공사 기간을 단축시킬 수 있다는 계산인 셈이다.

2. 가덕도 신공항 개발 사업의 역사

가덕도에 신공항을 건설하겠다는 발상은 도대체 언제 시작된 걸까? 이것의 기원은 2006년 중국 민항기가 김해 돗대산에서 추락한 후 공식화된 노무현 대통령의 동남권 신공항 건설 타당성 검토 지시이다. 이후 거의 18년간 동남권 신공항 건설사업은 입지와 공항 명칭을 둘러싼 지역 간의 첨예한 대립과 갈등으로 점철되었고, 주요 선거, 특히 대통령 선거 시기마다 명암을 달리했다.

현재의 가덕도 신공항 이슈는 2018년 제7회 6·13 지방선거 당시 오거돈 민주당 부산시장 후보가 공약으로 내세우면서 재점화됐다. 김해신공항을 고수하던 국토부는 불변의 입장이었지만, 부산 경남의 가덕 신공항 추진론자들은 김해공항 확장안이 안전, 소음 유발,

구분		김해(신공항)	밀양	가덕도
항공안전 및 장애물	최대활주로수용능력	3.69	3.22	3.22
	산 등 공항내 장애물	3.50	1.60	4.08
	공항간 간섭	5.00	0.00	2.00
	진입복행 가능성	2.75	1.10	3.31
	이륙여건	2.00	0.25	3.00
	공역 가용성	3.30	1.50	3.10
	체공장주 여건	4.50	1.50	3.10
	선박	5.00	5.00	4.00
기상	정밀 접근여건	4.17	4.07	4.67
	지진해일 등 자연재해	2.75	3.61	0.78
공항안전 점수(300점 만점)		217	120	192
사전타당성 총점(1000점 만점)		805	686	619

※ 진입복행: 관제에 따른 착륙중지 및 상승. 공역(空域) : 비행안전 위한 특정범위 공간.
　체공장주: 하늘 위 착륙 대기 장소
※ 공항별 활주로 1개 기준
자료: 국토교통부, 한국교통연구원

2016년 파리공항공단이 평가한 공항별 안전도

이성근

구분	내용	공항명칭
2002.4.5.	중국 민항기 김해 돗대산 충돌사고	
2006.1.2.	노무현 대통령 남부권 신공항 공식검토지시	
2011.3.30.	이명박 대통령 대선공약 동남권 신공항 백지화 발표	동남권신공항
2013.6.	항공수요조사 시행 관련 영남 5개 지자체장 합의서 체결	
2014.10.2.	영남 5개 시·도지사 합의서 체결	영남권신공항
2016.6.	박근혜 대통령 대선공약 동남권 관문공항 김해신공항 결정	
2017.5.	문재인 대통령 대선공약 동남권 관문공항 건설 추진	
2018.12.	국토부 김해신공항 기본계획 용역 완료	
2019.2.13.	문재인 대통령 신공항 재검토 시사	동남권관문공항
2019.6.20.	김해 신공항 문제 총리실 이관 합의	
2019.12.2.	국무총리실 김해신공항 검증위 이관 합의	
2020.11.17.	총리실 김해신공항 추진 근본적 재검토 발표	부울경 신공항
2020.11.26.	더불어민주당 한정애 의원 등 136명 가덕도 신공항 건설 촉진 특별법안 국회 제출	가덕도 신공항
2021.2.3.	국회교통위원회 상정	
2021.2.25.	문재인 대통령 가덕도 방문	
2021.2.26.	국회 본회의 통과	
2021.3.16.	가덕도 신공항 특별법 공포(2021.9.17. 시행)	

가덕도 신공항 개발 사업 역사

경제성과 확장성 부족 등으로 관문 공항 역할을 하지 못한다며 시종일관 문제를 제기했다. 이에 국토부는 부울경 단체장 합의로 김해신공항 검증작업을 국무총리실에 맡기기로 했고, 결과는 '근본적 검토'에 이르게 된다. 그리고 근본적 재검토의 결과는 영남권 신공항 후보지 세 곳 중 가장 낮은 점수를 받았던 가덕도에 신공항 건설을 추진한다는 것이었다.

이렇듯 영남권을 배회하던 신공항 건설 유령이 우여곡절 끝에 착륙한 곳이 가덕도이지만, 정작 가덕도를 제대로 아는 사람은 많지 않다. 부산 사람들조차 부산에서 제일 큰 섬 정도로만 알고 있을 뿐이니, 다른 지역민들은 말할 것도 없다. 그러나 이 사태에는 그럴 만한 사정이 있다. 언론과 방송, 특히 지역 언론은 신공항 대상지로서의 가덕도 공항 건설만 언급했지, 가덕도가 지닌 역사와 문화의 속살이나 생태환경 가치에 대해선 입을 굳게 다물었기 때문이다.

3. 7천 년 신석기 문화가 꽃피었던 생태 보고

가덕도 천성이 외가인 황평우 한국문화유산정책연구소 소장은 가덕도 신공항 특별법에 화들짝 놀라 한걸음에 현장으로 달려온 사람 가운데 한 명이다. 공항 활주로가 들어설 위치에 자리 잡은 국수봉 자락의 외항포며 대항 마을의 역사적 의미와 장소성에 관해서라면, 입에 거품을 물고 이야기를 할 정도였다.

황평우 소장에 따르면, 가덕의 역사는 아주 오래되었다. 가덕 북

가덕도 외양포. 일본군 포진지와 100년 역사를 큰 변화 없이 간직한 병영 마을

서부 부산신항 공사가 진행되던 장항獐項에서는 2011년 고인골古人骨이 출토되었다. 출토된 고인골 48구의 절반 이상이 그동안 주류를 이루던 한반도 고인골 매장 방식인 신전장伸展葬(반듯하게 누운 형태)이 아닌 중부유럽에서 농경문화를 도입하여 확대시킨 줄무늬토기 BLK인의 매장형태인 굴장屈葬(무릎이 가슴에 닿은 웅크린 자세) 형태였다. DNA 분석에 따르면, 유럽계 모계 유전자인 H형 모계 유전자를 지닌 사체로서 무려 7천 년 전의 것이었고 그 이동 동선은 기후변화와 무관치 않다. 느닷없는 이 발견으로 고고학계는 발칵 뒤집혔다. 국내에서는 최초의 발견이었기 때문이다. 가덕도에는 천성, 외양포 등 신석기 유적지가 여럿 있다. 부산에서 유일하게 지석묘支石墓(고인돌)도 존재한다.

가덕은 가야와 고려, 조선에 이르는 역사시대의 특별한 근대문화유산이 존재하는 곳이다. 기록에 의하면, 조선 중종 39년(1544년) 가덕진加德鎭과 천성만호진天城萬戶鎭을 설치했고, 임진왜란 당시 이순신 장군이 왜군의 주력 부대를 격파한 안골포 해전을 비롯하여 부산포 해전을 준비하며 체류했던 곳이 바로 가덕도이다. 연대봉 정상에 있는 봉수대의 존재 역시 노략질을 일삼던 왜구의 침입을 감시하던 현장으로, 맑은 날이면 쓰시마 섬이 빤히 건너다보이는 곳이다.

근대에 이르러서는 1871년(고종 8) 쇄국정책을 상징적으로 표현하기 위해 한반도 곳곳에 설치되었던 척화비斥和碑가 갈마봉 끝자락에 세워졌는가 하면, (지금은 성북동 천가초등학교로 옮겼다) 대항의 최남단에는 대한제국 마지막 건축물인 가덕등대가 남아 있다. 1904

이성근

년엔, 일본군 진해만 요새사령부가 들어섰는데, 일제가 기고만장하게 된 배경인 러일전쟁 당시 러시아 발틱함대를 견제하기 위한 포진지였다. 규모로는 당시 최대 규모였다. 태평양 전쟁 중에는 연합군의 해안 상륙을 저지하기 위해 인공 동굴 10여 개가 이곳에 뚫렸다. 포진지 주둔 장교와 병사들의 막사와 사택, 병영은 쫓겨났던 주민의 주거지로 재이용되고 있는데 그 흔적이 오늘날까지 오롯이 남아 있는 슬픈 역사의 현장이기도 하다.

한편, 가덕도는 낙동강 하구의 말단 낙남정맥洛南正脈[25]에서 뻗어나온 산줄기가 마지막으로 분출되어 매듭짓는 산지형 섬으로, 아래가 좁고 위가 넓은 역삼각형이다. 거제 진해와 마주한 가덕수로의 북서쪽은 완만한 경사를 지녀 돌출부headland와 주머니형 지형pocket이 번갈아 나타나는 리아스rias 식 해안으로 항 포구가 발달했는가 하면, 동남쪽은 급경사 산지로서 파랑波浪에 의해 형성된 해식대海蝕臺[26]와 해식동海蝕洞,[27] 시스텍sea stack[28]이 있는 절경지를 자랑한다. 신공항이 들어설 국수봉 남동쪽과 서쪽은 인간의 손을 덜 탄 원생原生의 경관을 보여준다.

---

25 지리산에서 김해 분산까지 이르는 산줄기의 옛 이름.

26 파도의 침식 작용에 의해 해안이 깎여서 이루어진 평탄한 지형.

27 해안선 가까이에서 파도, 조류 또는 연안수 따위의 작용을 받아 해안에 생긴 동굴.

28 암석 해안에서 돌출부가 파도의 침식에 의해 분리된 돌출형의 독립된 암석 바위를 말한다. 한국에서 외돌개, 촛대바위, 등대바위 등으로 불리는 것은 대부분 이에 해당된다.

가덕도 국수봉 북동쪽 사면과 대항마을. 공항건설이 본격화 될 경우 이 사면은 사라진다.

생태적으로 고립된 섬임에도, 주봉 연대봉(459m)과 국수봉 (269m)으로 이어지는 산지와 해안에 깃든 동식물 다양성은 국립공원 지정을 앞둔 부산 최고의 산지인 금정산에 버금가거나 앞선다. 도서 지역 종다양성은 비진도 다음으로, 거제보다 훨씬 높았다.

식물상의 경우, 가덕도 식물상 및 식생에 관한 연구(정유규 등, 1986·김인택 등, 1992) 조사 결과나 제2차 부산자연환경조사 서부산권역(부산광역시 2016) 조사 결과와 현장 방문 조사를 참고하더라도, 우수 식생지임이 분명하다. 특히 1986년 조사에서는 136과 447속 611종 4아종 110변종 24품종, 총 749종의 식물종이 보고된 바 있다. 국수봉 일원 15개 이상 식생군집에서 나타나는 특징 역시 곰솔 중심의 도서 해안림이 아닌 개서어나무, 졸참나무, 소사나무, 느

이성근

티나무 중심의 낙엽활엽수 군락과 동백나무와 후박나무, 참식나무 중심의 상록활엽수 군락으로 이뤄져 있어 예사롭지 않다. 이 같은 특이한 식생대가 이곳에 있는 것은 연대봉과 국수봉의 지형이 가파른 데다 일제 강점기부터 현재에 이르기까지 군사지역으로 사람의 출입이 통제되었기 때문이다.

이 극상의 숲에 깃들거나 머물다 이동하는 조류와 포유류 또한 무시 못할 종수를 보여준다. 멸종위기야생동식물 Ⅰ급 수달과 매, Ⅱ급 삵과 솔개, 팔색조, 긴꼬리딱새 등을 비롯하여 천연기념물 황조롱이, 소쩍새, 솔부엉이, 새매 등이 수시로 보이고 말똥가리, 뻐꾸기, 꾀꼬리, 파랑새 등이 즐겨 찾는 곳이다. 또한 부산신항이 들어선 북서쪽 해안을 제외한 전 해역에서 상괭이를 연중 내내 볼 수 있다. 상괭이는 멸종위기에 처한 야생동식물의 국제거래에 관한 협약 CITES에 등재된 보호종이기도 하다. 지난 2021년 3월 26일과 27일 양일간 가덕도 현장을 찾은 환경운동연합 가덕도 신공항 반대 TF팀은 외양포 남서쪽 해상에서 상괭이 떼를 만났다. 동행했던 영국인 조류전문가 닐 무어스Nial Moores 박사는 이동 중인 새매 24마리와 말똥가리 3마리를 목격하고는 놀라움을 감추지 못했다.

이렇듯 안정된 생물상은 주위의 안정된 먹이사슬과 무관하지 않을 뿐만 아니라 가덕도 주민의 삶 자체를 관통하고 있다. 가덕의 토박이들은 주로 소형어선을 이용한 어로작업과 해조류 채집으로 조상 대대로 살아왔다. 현재 가덕 주변 바다에는 172종의 어류가 서식하고 있다. 이중 대표 어종은 대구와 숭어, 전어 등이다. 상괭이와 수달은 이 어종들을 주민들과 나눠 먹고 있다.

가덕 대항의 전통어로인 육수장망陸水張網 어로는 무동력선 6척을 이용해 그물을 드리우고 있다가 망루에서 보내는 신호에 따라 순식간에 그물을 조여 숭어떼 같은 물고기떼를 잡아들이는, 기다림과 찰나의 자연 순형 어로다. 숭어떼가 가덕수로에 들 때면 상괭이의 출현도 잦아진다. 해안 곳곳은 수달의 먹이터다. 때로 수달은 어민의 배를 뒤져 물고기들을 훔쳐 먹기도 하지만, 어민들은 그러려니 하고 지금껏 살아왔다.

가덕도는 이런 곳이다. 그러나 언론, 특히 지역 언론은 가덕도 신공항 논란이 지속되는 기간 내내 이런 사실을 철저히 외면했다. 오히려 가덕에 관한 이야기는 '조중동'으로 대표되는 보수언론이 충실히 전했다. 반면, 지역언론은 지난 수년간 '김해 신공항은 안된다', '가덕 신공항만이 유일한 답이다'라는 정해진 답에만 경쟁적으로 매달렸다. 부산시민들에게 신성시되는 금정산의 경우, '다른 데는 몰라도 금정산만은 안된다'는 불문율이 통한다. 금정산이 가진 품격과 생태경관이 더 이상이 개발로 휘둘리지 않기를 바라는 정서가 지역사회를 관통하고 있는 것이다. 만약 가덕도가 이렇게 뛰어난 자연경관과 생물상을 간직한 곳이라는 사실이 충분히 알려졌다면, 그래서 지역민의 금정산 사랑 정서가 가덕에도 적용되었다면, 부산시민들이 무턱대고 가덕도 신공항론을 찬성했을까. 만약 합리적 판단의 근거가 충분히 제공되었다면, 낙후된 부산경제를 살린다는 명분에 휘둘리기보다는 냉철히 신공항 문제를 판단할 수 있지 않았을까. 작금

이성근

의 가덕 신공항에 대한, 몰아가기식 일정과 정치적 질주는 거의 절망적이다.

4. 벼랑 끝에 내몰린 가덕도

가덕도를 신공항으로 점 찍어 놓고 추진했던 집단과 그에 동조하는 불특정 다수의 사람들은 수도권 일극주의 극복과 국토균형발전, 남부권 관문공항, 심지어 전쟁 대비를 위해 가덕도 신공항이 필요하다고 역설했다. 물론, 수도권 일극주의는 경계하고 극복해야 마땅하지만, 그 극복에 가덕도 신공항이 필수일 이유란 없다. 만일 가덕도가 신공항으로 고착된다면 우리는 다시는 회복할 수 없는 미래 또한 감수해야 할 것이다. 3.5km 활주로가 새바지와 대항을 가로질러 놓다면, 그 순간 가덕의 목은 더는 존재하지 않게 된다. 한마디로 목을 치는 사업인 것이다. 그러나 그 목은 부산의 미래가 될 수도 있다. 실제 활주로가 들어설 곳인 대항의 예전 지명이 '한목'이었다. 연대봉과 국수봉 사이 잘록한 고개마루에 해당한다.

현재 신공항 예정지에 터를 잡고 사는 주민의 수는 400명이 채 되지 않는다. 가덕 신공항은 그들을 매몰차게 몰아낼 것이다. 부산 신항 만들면서 장항이며 율리 사람 쫓아냈듯, 조상 대대로 고기 잡고 물질하며 살던 사람들을 돈 몇 푼 주고 쫓아낼 것이다. 부산신항이 들어서면서 삶터에서 쫓겨난 주민 가운데 오직 극소수만이 낯선 땅에 정착했다. 대관절 무슨 권리로 그리할 수 있는가. 이 절멸적이

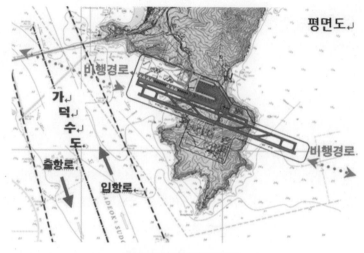

활주로 1개의 가덕신공항 평면도

고 야만적인 폭력을 '특별법'이 합법화했다.

400명도 채 안 되는 주민은, 부산 전체 인구에 비하면 손톱 밑의 때보다도 못한 존재들일 것이다. 이들의 운명은 김해 돗대산 민항기 사고로 졸지에 이승을 떠난 120명이 넘는 고혼의 운명과 다를 바가 없다. 더 이상의 희생을 되풀이하지 않기 위해 안전한 공항을 지어야 한다는 목소리 속에는, 영원히 고향을 등지게 될 사람들의 아픔은 배제되어 있다.

가덕 대항은 그렇게 밀어붙이고 짓밟아도 되는 곳인가. 부산의 미래를 걸고 하는 초대형 사업이라면 현장의 생태환경적 실태, 장점과 단점, 향후 리스크나 기회요인, 대안적 의견 등에 대한 시민 의견수렴이 선행되어야 했던 것이 아니가. 시민을 향해 열린 숙의적 접근이

이성근

필요하지 않았던가.

지금 우리는 가덕도의 생태환경적 실상도 거의 알지 못한 채 이 귀중한 섬을 벼랑 끝으로 내몰고 있다. '특별법'이 사전타당성 조사와 환경영향평가를 내걸고 있지만, 그 평가의 수행 목적은 공항 건설 합리화에 불과하다. 생태적으로 이런저런 손실이 야기될 수 있으니 공항 건설은 안 된다는 평가 결과는 애당초 기대할 수조차 없다. 게다가, 최근 대규모 개발사업장의 환경영향평가의 경우 불신이 거듭되는 가운데 무용론까지 대두되고 있다. 관리 감독의 부재며, 거짓과 부실이 횡횡해도 유야무야 되는 꼴을 수없이 봐오지 않았던가. 무엇보다 중요한 것은, 지난 15년간 가덕도가 신공항으로서 적합하다는 평가를 단 한 번도 받지 못했다는 사실이다. 이 사실은 변하지 않는다. 우리가 가덕도 신공항 특별법에 맞서 싸우고자 하는 이유다.

5. 부풀려진 기대효과, 불확실한 미래

부산시와 추진론자들은 가덕 신공항 건설이 지역경제 활성화와 일자리 창출의 마중물 역할을 할 것이라고 했다. 생산 유발액은 88조 9,420억 원, 취업 유발 인원은 53만 6,453명에 이른다고 했다. 풀어보자면 공항 건설에는 7조 5,445억 원이, 공항으로 들고 나기 위한 도로와 철도, 고속철도 등 공항접근 교통망의 구축사업에는 17조 9,478억 원이, 배후도시 개발사업에는 33조 3,159억 원 등이 투입된다는 것이다. 이로 인한 파급 효과는 공항건설, 운영, 항공운송, 여객여행 지출액, 가덕 신공항 접근 교통망 구축, 배후도시 개발 등 6가지 요인에 대한 효과를 합산한 결과라고 했다.

그러나 과연 이러한 기대는 합당한 걸까? 그리고 그 수혜가 불특정 다수의 시민에게는 어떻게 분배될까? 각종 기대효과가 공장에서 물건 제조하듯 뚝딱 나오는 그런 장밋빛 미래가 오기나 할 것인가? 물론 건설과정에서 수요는 발생할 것이다. 그렇다 하더라도 그것이 곧 시민의 이익으로 해석되기에는 무리가 많다. 그동안의 수많은 국책사업과 거대 토건개발 사업의 경우, 지역에서 부가 평등하게 분배되어야 함에도 늘 주머니를 챙긴 건 시공건설사들이었다. 즉, 코로나 재난 기금처럼 국민 각자에게 균등히 분배되지 않는 이상, 생산유발효과로 이익을 보는 이들은 따로 있다는 것이다.

둘째, 사업의 불확실성을 지적하지 않을 수 없다. 오늘의 코로나 재난을 누구도 예측하지 못했고 또 이렇게 해를 넘어 장기화하리라고는 누구도 장담하지 못했다. 백신을 이야기하지만 이미 많은 변이가 생겨났고, 또 전혀 다른 바이러스가 발생할 수도 있다. 그 바이러스들은 글로벌 기후위기 속에서 지금도 재생산되고 있다. 엄밀히 말한다면 코로나19는 가속화될 지구재앙의 전초전일 뿐이다. 예정된 시나리오대로 신공항 사업이 진척되지 못하고 장애가 발생하고 급기야 좌초한다면 그때는 누구의 책임으로 돌려야 할 것인가.

한 가지 유의미한 데이터를 언급해 본다. 지난 2018년 제7회 6·13 지방선거 당시 중앙선거관리위원회가 서울대 플랩flap에 의뢰해

이성근

〈우리 동네 공약 지도〉를 제작한 바 있다. 이 지도에 따르면, 유권자 희망 공약과 언론 보도 및 지방의회 회의록의 주요 관심사는 전혀 달랐다. 쉽게 말해, 유권자가 직접 공약을 제안할 수 있는 코너에서 부산의 경우 '미세먼지 대책을 마련하라'는 의견이 대다수를 이루었던 반면, 언론 보도 1순위는 신공항이었다. 분석 자료에 따르면, 언론 보도 기준으로 지난 4년간(2014년 7월~2018년 2월) 부산지역 이슈 1순위는 851회 거론된 신공항이었다. 다시 말해, 부산시민들이 6·13 지방선거 후보자에 가장 원했던 공약은 신공항 건설이 아니라 미세먼지 저감 등 환경 대책이었고, 그 뒤를 사회복지(21.7%), 경제민생(8.9%)이 이었다. 그러나 언론이 줄곧 붙들고 있었던 이슈는 신공항이었다.

신공항 건설, 4대강 사업, 새만금 사업 등에서 확인되듯 대규모 토건개발 사업은 개발 부처의 핵심 관료, 개발 관련 연구소, 개발업자, 지역토호, 국회의원을 포함한 정치인, 학계, 언론 등으로 구성된 '개발 연합체developmental coalition'가 파트너십을 형성함으로써 공고히 전개된다. 상호 네트워크로 단단히 엮인 이 연합체는 공동의 목표를 위해 일사불란하게 역할을 분담하고 뭉침으로써 자신들의 이해에 충실할 뿐이다. 가덕 신공항 역시 이 연합체 주도의 토건개발 사업이라는 범주에서 벗어나지 않는다.

6. 여전히 해법은 있다!

신공항특별법이 시행되더라도 김해공항의 기능은 유지된다. 조종사들은 여전히 돗대산을 의식하고 이착륙한다. 또 비행기가 일으키는 소음 역시 여전히 존재한다. 부정할 수 없는 현실이다. 가덕 신공항이 이 결점을 넘어 24시간 운항과 소음 없는 공항으로서, 나아가 부울경 메가시티라는 거대 도시로서 서울에 견주는 자생력을 가지고 철도와 항공, 항만이 작동하는 미래로 가는 백년대계의 초석이라고들 주장하지만, 정작 이런 사업으로 인해 지역 내에서 소멸해가는 도시나 마을에 대해서는 이렇다 할 말이 없다. 오히려 또 다른 거대광역도시의 출현이 예정되어 있다. 이것이 과연 일극주의에 대항하는 지역균형발전인가 되묻지 않을 수 없다.

그렇다고 가속화되고 있는 지역경제 쇠퇴 상황을 부정하려는 것은 아니다. 다만 그 논의가 지금처럼 지역 파괴주의로 전개되는 방식이라면 곤란하다. 이러한 고질적 행태에서 벗어나 세대간 환경정의와 형평성을 중시하는 논의가 활성화되어야 한다.

신공항 건설에 투입되는 돈이 어마어마하다. 신공항 활주로 하나를 매개로 밑 빠진 독에 물 붓듯 돈을 퍼부어야 한다. 천문학적 예산이다. 차라리 그 돈이라면 기존의 김해 공항이 가진 문제들을 해소할 방안을 비롯하여 더 많은 곳에 더 많은 사람을 위해 정의롭게 쓸 수 있지 않을까. 당장 가덕도로 향하게 될 도로와 철도용 사업비 18조 원이 그렇다. 기반시설이 이미 잘 구축되어 있는 김해공항을 업그레이드한다면, 가덕도 신공항이 가지는 결함을 기술공학적으로 극복할 수 있다고 자신하는 사람들이 더불어 지혜를 모은다면, 가덕도를 미래의 유산으로 남길 길이 열리지 않을까. 그러기 위해서는 현장의 진실을 공유하고 법과 제도의 한계를 변화시키려는 몸부림이 있어야 한다. 가덕도는 한번 손대기 시작하면 걷잡을 수 없이 무너지는 곳이다.

목 잘린 미래는 어디에도 없다.

이성근

1980년대 후반 부산지역 시사잡지사에서 합천 원폭진료소 취재를 계기로 환경운동에 발 들이게 되어, 공해추방시민운동협의회, 부산환경운동연합에서 습지·산림 분야 쪽 전문으로 일하다 2009년 중도하차 한 이후 (사)걷고싶은부산에서 4년간 갈맷길 노선을 만들고 길문화를 활성화하는 데 기여했다. 2012년부터는 (사)부산 그린트러스트에서 일하고 있다. 환경운동 전선에서는 여러 곳의 골프장 반대운동, '다대만덕특혜 의혹사건' 규명과 다대포 매립 백지화, 황령산 온천개발 백지화, 낙동강 및 하구습지 보전, 대운하 반대, 하야리아 미군부대 시민공원화, 금정산 천성산 고속철도반대 운동, 철도부지공원화 북항재개발 시민운동 등에 관여했다. 부산의 산지, 마을과 학교 노거수 전수조사를 5년간 했고, 도시공원 도래 여름 야행 철새 조사, 외래침입식물 조사 등도 했다. 최근에는 공원의 친구며 마을과 도시정원만들기, 도시공원 일몰 대응 활동에 주력했고, 지금은 가덕도와 금정산 국립공원 지정에 꽂혀 있다. 몇 권의 공저가 있으며, 2019년 선후배들의 도움으로 시집《바람이 되는 이유》를 출간했다.

참고문헌

2017.5.1.~2020.3.30. 부산일보.

2017.5.1.~2020.3.30. 국제신문.

KBS 파노라마 코리안 이브(Eve)-1편: 가덕도! 7천 년의 수수께끼 2014.9.12.

「가덕 신공항, 꼭 필요한가?」 기후위기부산시민행동, 부산환경회의 세미나 자료집. 2021.3.24.

「문재인 정부 개발주의 이대로 좋은가?」 제53회 시민환경포럼 자료집. (사)시민환경연구소 2021.3.25.

「가덕 신공항 오해와 진실-가덕도는 환경문제가 있다던데」 동남권관문공항 추진위원회. https://www.youtube.com/watch?v=EFlzr3DRaal

박겸준, 「가덕도 상괭이의 분포 및 계절적 변화」 국립수산과학원 동해수산연구소 고래연구센터 한국수산학회지 50(5)561-566, 2017.

「제2차 부산자연환경조사 동부산권역 2014」, 부산광역시.

「제2차 부산자연환경조사 중부산권역 2015」, 부산광역시.

「제2차 부산자연환경조사 서부산권역 2016」, 부산광역시.

강대민, 《부산 외양포 대항 마을 구술자료》, 부경역사연구소, 2019.

김승찬, 《가덕도의 기층문화》, 부산대학교 한국문화연구소, 1993.

조명래, 《개발정치와 녹색 진보》, 환경과생명, 2006.

홍성태, 《토건국가를 개혁하라》, 한울, 2011.

7장

새만금 개발, 새와 습지 그리고 우리의 미래

오동필
새만금시민생태조사단 공동단장

새만금 개발 사업은 서울의 3분의 2에 해당하는 401km² 면적의 만경강, 동진강 하구의 연안습지와 해역을 대상으로 한다. 초창기 100% 농지확보 계획에 따라 2011년 3월 16일 정부는 새만금 종합 개발계획(마스터플랜)을 확정하여 농지를 축소했고(72% → 30%), 산업·관광 등 복합용도로 나머지 토지를 사용하기로 (28% → 70%) 결정했다. 사업 기간의 경우, 1단계 2020년, 2단계 2030년까지 나눠 추진하기로 했고 총사업비로 22조 원이 투자되기로 되었다.

수질관리는 어떨까? 사업 초기에 새만금호 중·상류 지역은 농업용수(4등급수)로, 새만금호 하류 지역은 3등급수로 상향 조정되었다. 하지만 수질 상태는 계속 좋지 않았고, 결국 2021년 2월 정부는 농업용수 사용을 위한 담수화淡水化 계획을 공식적으로 포기한 것이나 다름없는 농업용수 공급방안 변경을 결정했다. 또, 2020년 12월 29일부터는 야간 수문 개방을 실시하고 있다.

이러한 결정은 곧 새만금 담수화 계획을 포기했다는 것을 의미한다. 초기 사업내용이 이처럼 바뀌었는데도 갯벌로 되돌아가지 못하는 현실을 볼 때 과연 이 나라에 생태적 관점의 새만금 지역 계획이 단 한 번이라도 있었는지 묻고 싶다.

1. 새만금 개발 사업의 총체적 환경 문제

가. 염분 성층화 현상에 의한 수질 악화

지난 20여 년간 새만금 수질 개선 비용으로 무려 4조 원가량이 투입됐음에도 동진강과 만경강의 수질 문제는 여전히 제자리걸음이다. 수질과 관련하여 새만금 개발 사업의 가장 큰 문제는 강하구를 막았다는 것이다. 더욱이 윗물 4급수, 아랫물은 3급수라는 목표 수질 설정 등 최근 새만금에서 벌어지고 있는 상식 밖의 일들에 대한 근본적인 성찰이 필요한 때이다.

이처럼 많은 예산을 투입하고도 수질이 개선되지 않는 것은 연안 습지의 생태적 성격에 대한 이해의 부족 탓일 것이다. 내륙에서 들어오는 유기물을 관리하는데도 왜 수질은 좋아지지 않는가라는 반문으로 시작된 새만금시민생태조사단(이하'조사단')의 용존산소 조사는 염분에 의한 성층화成層化 현상[29]이 수질에 어떤 영향을 주는지, 그 메커니즘을 설명해주었다. 조사단에서는 2016년부터 염분이

오동필

폐쇄형 호소湖沼의 용존산소량DO(Dissolved Oxygen)[30]에 미치는 영향을 연구하고 모니터링하며, 염분에 의한 성층화 그리고 그로 인한 용존산소량 감소가 수질 악화의 원인일 가능성을 제기해왔다. 물론 외부에서 들어오는 유기물의 관리도 필요하겠지만, 그보다도 중요한 것이 호내 저층의 산소 빈곤 문제이다. 2016년부터 2020년까지 진행한 현장 조사 결과, 새만금 전 수역 내 2~3m 이상 수심의 모든 곳이 부패하고 있던 것으로 드러났고, 조사단에서는 그 원인일 가능성이 농후한 성층화 현상의 문제를 환경부에 제기함으로써 새만금 담수화 사업의 공학적 한계가 분명함을 밝혔다.

나. 생물 대량폐사

새만금 지역 내 생물종의 대량폐사는 공사 일정에 따라 여러 가지 방식으로 이뤄졌다. 조개류, 상괭이, 조류 등 다양한 생물들의 대량 폐사가 2006년부터 2015년까지 특히 집중되었다. 2000년 환경운동연합에서 조직한 한일 공동조사단은 새만금 지역을 조사하여

---

29 층이 만들어지는 현상을 말한다. 일반적으로는 온도에 의한 물의 밀도 차이로, 물의 층이 만들어진다. 이로 인해 마치 보이지 않는 막이 형성된 것 같은 결과가 나타난다. 그런데 염분이 가세하면 이 밀도 차가 극단적으로 커져, 그 결과 성층은 수온에 의한 성층보다 강력해진다. 이와 같은 성층현상을 수온 성층현상과 구분하기 위해 '염분 성층'이라 부르고 있다. 정부가 농지확장을 위한 크고 작은 강하구를 막아왔던 연안습지의 대부분이 이 염분 성층의 생태적 문제를 안고 있다.

30 물속에 녹아 있는 산소의 양으로, 일반적으로 5mg/l 이하일 경우 생태적 문제가 발생하기 시작하며, 3~4mg/l 이하일 경우 일반적 생물은 대부분 폐사한다.

미등록종, 신종 등 9종의 생물을 찾아냈다. 일본 스즈오카 대학 이학부 사또 신이치佐藤愼一 교수는 2000년 새만금에서 세계적으로 알려지지 않았던 신종을 발견하고 '개맛살이조개'로 등재했다. 그만큼 새만금 지역에는 생물종이 풍부했다. 하지만 모든 것은 2004년 이후 달라지고 만다.

2004년~2006년, 방조제 공사가 마무리되면서 물이 들어오지 않는 갯벌의 면적이 넓어지자, 수많은 조개류가 폐사했다. 1.2km의 방조제 미축조 구간이 좁아졌고, 2006년 4월 21일엔 끝물막이 공사가 완료되었다.

2006년에서 2009년에 이르는 시기에는 새만금 해수면의 변동이 급격히 줄어들었고, 해수면 흐름은 규칙적인 양태를 보였다. 수문은 항시 개방되어 있었지만 물은 정체되어 크고 작은 물고기 떼의 죽음이 관찰되었다.

2009년에서 2013(14)년에 이르는 시기에는 준설浚渫[31]과 매립 그리고 -1.6m 해수면 하강으로 인한 대량폐사가 진행되었다.

방수제防水堤[32] 공사가 본격적으로 시작되었고, 그에 맞추어 새만금 담수호의 수위를 평균 수위보다 -1.6m 낮추기 시작했다. 해수면을 조금씩 낮추었기에 끊임없이 새로운 모래톱과 갯벌이 드러났고, 어패류의 폐사가 이어졌다. 2011년 2월엔, 해수면을 관리한다는 이

---

31   못이나 개울, 호수, 강 따위의 밑바닥을 파내는 행동을 뜻한다.

32   방조제 안쪽에 구획을 정하기 위해 쌓는 내부 제방.

오동필

유로 장시간 해수유통을 멈춘 결과, 강추위와 겹쳐 표층수가 어는 사건이 발생했고, 이로 인해 상괭이 240여 마리가 대량 폐사했다.

2013년에서 2020년에 이르는 시기는 새만금이 죽음의 호수로 변질되고 마는, 그야말로 암흑의 시대이다. 수심 2~3m 아래에 살던 생물 대부분이 죽어갔고, 바람 한 점 없는 자정에 가까운 시간, 새만금 방조제 인근을 차로 이동할 때는 악취가 났다.

다. 새만금 외해에 주는 영향

새만금 개발은 단지 새만금호 안에서만 문제를 일으키지 않았다. 주변 해역의 어류에도 영향을 주고 있음을 어민들을 통해 확인할 수 있다. 결코 어민들의 볼멘소리가 아니다. 강에서 바다로 유입되는 유기물은 물고기들로서는 먹이의 중요한 공급원이다. 바다는 항상 배고프다. 하지만 새만금은 이러한 유기물 공급의 흐름을 막고 있다. 물고기들로서는 새만금은 중요한 산란처이기도 하다. 강 하구를 막는 행동은 곧 새만금호나 새만금 외해의 여러 생물들 그리고 수산업 종사자들에게 고통을 안겨준 것이었다.

2. 새만금 염분 성층과 데드존 심층 탐구

2016년 여름, 조사단은 새만금 수질이 계속 악화하는 이유가 용존산소와 관련이 있을 것으로 추정했다. 그리하여 새만금호 내부 여러 지점에서 1m 수심 단위로 용존산소와 염분농도(염도)를 조사했다. 이전까지 수심별 용존산소량의 경우, 환경부조차 자료를 보유하고 있지 않았기 때문이다. 조사 결과는 무척 흥미로웠다. 일정 깊이에서 염도가 갑자기 높아지고 용존산소는 급격히 떨어졌다. 이것은 성층화를 나타내는 것으로, 그간의 모든 생물 폐사를 설명하고 있었다. 조사단에서는 2016년부터 2018년 여름까지 약 3년간 수심별 염분과 용존산소를 조사했고, 염분 성층화가 용존산소량을 줄여 수질 악화를 초래했음을 확인했다.

특히 새만금 저층의 용존산소 부족은 일반적인 내륙 호소의 질소N, 인P 등의 영양염류 유입에 의한 부영양화의 산소고갈 현상과는 다른 메커니즘을 보였다. 용존산소량 저감은 생물들의 폐사를 유발했고, 폐사체의 유기물은 정체된 후 다음 해수가 들어올 때까지 저층에 남아서 부영양화富營養化의 촉매제가 되었다.

정부는 지금까지 새만금 수질 관리를 위해 외부 유입수 내 유기물의 제어 관리에만 집중했다. 반면, 새만금호 내부의 염분에 의한 성층화 현상과 산소고갈 메커니즘에 대해서는 줄곧 관심을 회피해왔다.

가. 호소 바닥이 썩는 원인과 데드존 발생

2016년 조사단은 새만금호 내에서 뚜렷한 성층화 현상을 관찰했다. 더욱이 바닷물의 움직임이 적어지는 소조기小潮期[33]에는 수문 개

---

33   조수의 변화가 가장 적을 때.

방을 하지 않는 날이 많아졌고, 그에 따라 한층 더 심각한 결과가 초래됨을 확인했다. 이런 문제로 호내 저층에서는 미생물의 꾸준한 산소 소비로 용존산소량이 극도로 줄어들었고, 이로 인해 생물이 전혀 살 수 없는 영역인 데드존Dead Zone이 장기간 형성되었다.

아래의 두 그래프는 새만금호에서 염분성층 현상이 나타났음을 보여주는 한 가지 데이터이다. 그래프상 3~4m 부근에서 염분농도 Sal는 급격히 상승하고 있고, 반대로 용존산소량DO은 급격히 떨어지고 있다. 이것은 3~4m 사이의 수심에서 표층과 저층의 물이 둘로 나누어져 서로 섞이지 못하도록 층이 형성되어 있음을 보여주고 있다. 염분농도는 수온보다 더 강한 밀도 차이를 만들어낸다.

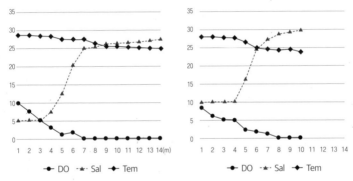

2018년 8월 26일 새만금 내측 수심에 따른 용존산소(DO), 염도(Sal), 온도(Tem)
가로선 수심m, 세로선 농도mg/L
자료 : 새만금시민생태조사단

아래의 측정치 역시 같은 결과를 보여준다. 수심 약 2~3m 지점부터는 용조산소 농도가 5mg/L 아래로 떨어져 생물에 영향을 주기 시작했다. 또, 수심이 더 깊은 곳의 경우 용존산소량은 대부분의 생물이 폐사를 일으키는 3mg/L 농도 이하로 떨어져 일명 데드존을 형성하고 있었다. 염분농도가 높은 해수가 저층에 가라앉음으로써 초래되는 현상이다. 과거 일반적으로 해왔던 표층과 저층의 용존산소량 조사만으로는 새만금호의 염분성층 현상을 데이터로 확인할 수 없다.

수심	DO(용존산소)	Sal(염도)	Tem(수온)
1	5.54	9.33	32.11
2	4.48	9.63	31.87
3	3.79	10.07	31.52
4	1.63	14.88	29.7
5	0.47	26.8	25.94
6	0.42	26.7	22.42
7	0.26	27.9	21.96
8	0.13	28.23	21.1
9	0.13	28.7	20.53
10	0.13	29.26	20.06
11	0.14	29.36	19.56
12	0.12	29.1	18.5

나. 염분 성층화가 일어나는 기간

그렇다면, 염분성층 현상은 얼마나 지속될까? 진해·마산만에서 나타나는 수온에 의한 성층화는 4월 이전에 시작되어 10월경 종료되는 양상을 보였다. (조홍연 외, 2002) 새만금호 완공에 따른 새만금호 모의실험에서는 4월경부터 수질 변화가 나타났다. (서승원 외,

오동필

2008) 앞서 언급한 환경부 새만금지방환경청이 발행한 「새만금호 자연생태계 및 퇴적물 모니터링 최종보고서」에는 2016년 5월과 10월에 3~5m 사이 특정 지점간 용존산소량이 크게 달랐고, 수심이 깊어질수록 감소했다고 기록되어 있다.

이러한 자료들과 조사단 자체의 자료를 종합해 볼 때, 용존산소량이 급감하는 현상은 봄철인 4월부터 가을철인 11월까지 약 7개월 이상 지속되는 것으로 볼 수 있다. 봄부터 가을까지 약 3m 이하의 저층수가 지속적으로 혐기화嫌氣化[34]되어 주변 일체를 부패하게 만드는 것으로 보인다.

3. 염분과 담수호 계획의 공학적 한계

새만금호를 담수호로 만들겠다는 계획에서 가장 중요한 한 요소는 호소 안에서 생물이 살아갈 수 있게 하는 방법, 용존산소를 유지하는 방법일 것이다. 새만금 지역 같은 연안습지의 경우, 염분을 완전히 제어하지 못하는 그 어떤 담수화 계획도 살아있는 상태의 담수호를 만들 수가 없는 셈이다.

새만금 내의 염분 공급 루트는 크게 세 갈래이다. 첫째, 수문을

—

34 용존산소 부족으로 오는 현상으로, 호기성(산소를 좋아하는) 미생물이 살 수 없는 상태로, 또는 (산소가 없는 상태에서 살 수 있는) 혐기성 미생물만 살 수 있는 상태로 변화됨을 의미한다.

통해 공급되고 있다. 둘째, 수문이 폐쇄되는 시간에도 방조제 자체에서 스며들어오는 해수가 있다. 이러한 해수와 그 염분의 양은 정확히 파악할 수 없으나, 일례로 방조제 구간 중 4공구[35]의 경우, 마지막 물막이 공사를 서두르기 위해 바닷물 유입 방지와 제방 건설공법을 충실히 따를 수 없는 상황이었다. 수년간 직접 목격한 바로는, 방조제 공사 완료 후에도 4공구 부근에서는 만조 때가 되면 방조제를 통과한 황토색 바닷물이 새만금 안쪽으로 흘러들었다. 셋째, 염지하수의 유입이다. 지금도 방조제 바깥쪽 바다의 수위가 높기 때문에 수압에 의해 염지하수가 호 안쪽으로 흘러 들어가고 있다.

이렇듯 세 가지 루트로 들어오는 염분을 100% 제어할 수 없다면, 성층화 현상을 막을 수는 없고, 그렇다면 담수호를 만든다는 계획은 사실상 실현 불가능하다. 북대서양의 다른 국가들이 강하구나 연안습지를 막지 않는 중요한 한 가지 이유는 생태철학에 근거한 토목계획이겠지만, 또 다른 중요한 이유는 성층화 현상을 막을 공학적 방법이 없기 때문인 것으로 보인다.

4. 준설로 인한 성층화 수역 확대 문제

2009년 수행된 국토연구원과 농어촌연구원의 연구에 따르면, 새

---

35   새만금 방조제 공사시 여러 부분을 나누어 공사를 진행하였다. 4공구는 군산의 비응도와 신시도 사이의 방조제 부분을 말한다.

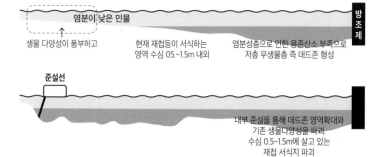

내부준설의 문제

만금 지역을 계획대로 매립하려면 내부용지 조성 및 방수제 축조에 6억~7억 만㎥의 흙이 더 필요한 것으로 나타났다. 어디선가 이만큼의 흙을 퍼서 새만금의 갯벌을 채워야 한다는 의미였다. 이후 정부는 2012년부터 외부 매립토가 아닌 새만금 방조제 안쪽 바닥을 준설하여 매립토를 마련하는 방안을 세우게 된다.

새만금호 내부 준설의 생태적 문제는 심각하다. 준설된 곳은 꽃게나 새우 같은 생물이 더는 서식하지 않는다. 그곳에는 물이 정체되기 때문이다. 생물다양성이 높은 강하구 연안습지를 준설선을 이용해 파내는 행위는 저서생물들의 산란처를 훼손하는 파괴적 행위인 셈이다.

또, 준설 지역은 성층화 현상이 일어날 수 있는 영역을 확대해 데드존 영역을 확대한다. 수심 1~2m로 생물다양성이 높은 장소를 준설해 수심을 깊게 하면 해수가 유입되어 성층화 현상이 나타날 수 있는 영역이 넓어지기 때문이다.

5. 문제 해결을 위한 해수유통 방식

새만금호 수질 문제를 해결하려면, 수문 운영 담당기관이 생물 폐사 방지를 위한 수문 운영 매뉴얼을 만들어야 한다. 2019년 8월 농어촌공사의 수문 개방 계획을 보면, 31일 중 해수유통은 5일만 하고 무려 26일간 (소조기 폐문과 담수 배제로) 해수를 들이지 않았었음을 확인할 수 있다. 이 때문에 호소의 정체 기간이 늘어났고 이에 따라 성층화가 지속되어 생물 대량 폐사가 있었다. 의도적이든 의도적이지 않든, 수많은 생물을 죽음으로 몰고 가는 이런 방식의 수문 관리는 결코 바람직하지 않다.

봄철 잘 자라던 다양한 어족자원이 초여름 모두 폐사하여 어민들의 시름이 깊어진 것도 한두 해가 아니다. 해수유통 시 소조기란 이유로 일주일 이상 수문을 열지 않고, 여기에 더해 해수유입 없이 담수 배제만 하게 되면, 겉으로는 수문을 여는 것처럼 보이지만 사실상 해수유입은 되지 않고, 호 내부는 썩게 되는 것이다. 그 안에서 살아남을 생물은 없다.

6. 화성호(화홍호)와 보령방조제의 염분성층 그리고 연안생태 복원

그러나 강의 하구를 막음으로써 나타나는 염분 성층화의 비극은 새만금호만의 특수한 문제가 아니다. 조사단이 화성호와 보령방조제 호의 용존산소량과 염도를 조사한 결과, 육안으로 보기에는 평

오동필

화성호 염분성층 데이터

화성호 H1지점

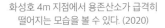

화성호 4m 지점에서 용존산소가 급격히
떨어지는 모습을 볼 수 있다.(2020)

화성호 바닥 뻘의 모습: 악취가 심했다.
(2020)

화로워 보이기만 하는 이들 호수의 안쪽은 죽음의 그림자가 드리워
져 있었다. 새만금과 똑같이 이미 호수는 혐기화되어 있었고, 바닥
에선 악취가 진동하고 있었다. 화성호와 보령방조제는 새만금호보
다 작은 인공호로, 이곳들 또한 수심 4m를 넘어가자 바닥에는 해
수에 가까운 염도의 바닷물이 깔려 있었다.

7. 새만금 수상태양광 계획

수상태양광은 말 그대로 수면 위에 태양광 패널을 올려놓는 것
이다. 2021년 2월, 조사단이 수상태양광 1단계 계획지인 전북 군
산 수라갯벌주변 예정 수역(13.48km²)의 수심을 조사한 결과, 수심이
채 2.5m도 안 되는 면적이 예정지의 30%에 이른다는 결과가 나왔

다. 한국수력원자력이 작성한 「새만금 수상태양광 발전사업 환경영향평가서」에 따르면, 수상태양광 발전설비를 설치하기 위해서는 수심이 최소한 2m 이상이어야 하며, 3m 이내에서는 준설이 필요하다. 왜 준설 작업이 필요한 수역을 수상태양광 계획지에 포함한 것일까?

현재 계획된 부지에 수상태양광을 설치하려면 준설 작업은 불가피하다. 준설 작업을 실시하면 공사비도 증가해 사업의 경제성이 떨어질 수밖에 없을 것이다. 그런데도 일부러 수심이 얕은 수역을 설치부지로 선정한 것은 수상태양광 설치를 명분으로 바닥을 파내 매립토를 확보하기 위함이 아니냐는 의심은 합리적이다.

또, 지난 20여 년간 정부가 '새만금 마스터플랜'상의 만경강 수역 생태용지生態用地라고 밝혔던 곳이 있다. 하지만 이 생태용지는 아무것도 없는 수역일 뿐이다. 드넓은 갯벌을 놔두고 아무것도 없는 곳을 생태용지로 지정한다는 이상한 발상은 새만금 사업의 현주소를 정확히 말해주고 있다. 그리고 정부는 그 허상의 생태용지를 이번엔 수상태양광용으로 내주었다.

8. 새만금 신공항 계획

2019년 정부는 이른바 '국가균형프로젝트'의 일환으로 새만금 신공항 예정부지를 미군기지에 인접한 수라갯벌에 정했다. 경제성평가(B/C) 점수가 0.5도 안 되는 지역임을 빤히 알면서도 정부는 예비타당성 조사마저 면제하며 새만금에 신공항을 건설하기로 한 것이다.

한국공항공사의 자료에 따르면, 군산공항의 경우 국내 15개 공항 중 10위를 차지하며, 2019년 기준 총 1,955회 운항했고 하루 5.4회 운항하고 있다. 또, 매년 27억 원(2017년)의 적자를 보고 있다. 현재 운영되고 있는 군산공항의 노선은 제주노선이 유일하다. 왜 군산공항을 살릴 생각 대신, 신공항을 지을 생각을 하는 걸까? 왜 새만금의 마지막 원형 갯벌마저 희생양 삼으며 신공항을 지어야 하는 걸까? 이곳에는 멸종위기 1급 저어새와 멸종위기 2급 흰발농게 등 여러 종의 법정보호종이 서식하고 있다.

9. 근조 야생동물보호법-저어새에게 중요한 수라갯벌

2012년 방수제 공사가 본격적으로 시작할 당시 조사된 저어새의 서식지는 약 96.2km²이었으나, 4년이 지난 2016년 당시는 기존 서식지의 20%도 안 되는 19.6km²에 불과했다. 즉, 기존 서식지의 80%인 축구장 600개 규모의 저어새 서식지가 사라진 것이다.

새만금 지역에 찾아오는 저어새 무리에게는 또 하나의 번식지가 있다. 금강 하구의 무인도 노루섬이 바로 그곳이다. 이곳에서 번식한 저어새들은 유부도와 수라갯벌을 주 서식지로 살아간다. 유부도와 수라갯벌의 거리는 고작 10km에 불과하다.

저어새는 환경부 지정 멸종위기 1급 조류이자 국제자연보전연맹 IUCN이 이 정한 멸종위기종으로서, 한국과 중국 등지에 4,500여 개

저어새

2012~2014 (원: 중요 서식지)

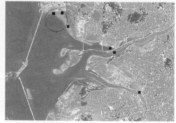

2015~2016.9
자료: 새만금시민생태조사단

새만금 저어새Black-faced Spoonbill 서식지 변화

체만 서식한다. 저어새 개체의 대부분이 한반도 서해안에서 번식하고 있어 한국을 대표하는 새라 할 만하다.

새만금엔 수라갯벌의 저어새를 비롯하여 40여 종에 달하는 멸종위기종이 찾아든다. 특히 저어새나 검은머리갈매기 같은 조류의 서식지를 보존해야 한다는 요청도 조사단은 환경부에 전달한 바 있다. 하지만 정부는 지금껏 새만금의 멸종위기종에 대한 명확한 보

오동필

호 대책을 수립하지 않고, 관련 법규와 국제협약을 무시한 채 매립 공사를 강행하고 있다. 우리 사회의 야생동물보호법은 새만금에서 죽었다.

10. 새만금 개발에 따른 조류 생태 변화
- 그 많던 붉은어깨도요는 어디로 갔을까?

새만금에서 관찰된 조류는 2004년부터 2017년 1월까지 환경부 지정 멸종위기 1~2급 조류 40종을 포함하여 총 250종, 412,560개체(최고 관찰수)였다. 그러나 2017년도 관찰 결과는 달랐다. 2004년도 대비 개체수가 86%나 감소했던 것이다. 개체수가 가장 크게 줄어든 종은 도요물떼새였다. 갯벌 의존도가 높은 종으로 2016~2017년에는 33종 4,815개체가 관찰되어 2004년도 대비 무려 97%나 감소했다.

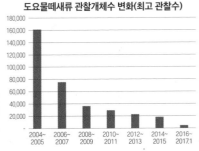

도요물떼새류 관찰개체수 변화(최고 관찰수)

자료: 새만금시민생태조사단 (2004~2017)

붉은어깨도요 (Calidris tenuirostris)
Great knot

만경강하구 붉은어깨도요 2005

2005년 5월의 일이다. 만경강 하구 갯벌에 8만 마리에 가까운 도요물떼새들이 나는 장관을 목격했다. 대부분 붉은어깨도요였다. 그해 봄이 가고 가을이 왔다. 마지막이 아니길 바랐지만, 가을철 번식지에 돌아온 붉은어깨도요 무리를 만날 수는 없었다. 8만 마리에 가까웠던 붉은어깨도요는 모두 어디로 간 걸까?

11. 새만금, 지난 20년과 미래

지금 새만금은 상처투성이다. 새만금은 지난 20년간 우리 사회가 고수하고 지향한 개발주의의 어두운 면을 단적으로 보여준다. 그

오동필

간 새만금 개발에 찬성한 정치인들은 새만금 개발만이 살 길이라는, 밑도 끝도 없는 말을 연신 반복했을 뿐, 개발 이후 황폐해진 갯벌이나 지역민의 삶에 대해선 관심을 거두었다. 그리고 지금 새만금은 환경 문제의 종합 선물세트처럼 오늘날 우리 사회의 환경 문제를 집약적으로 보여주고 있다.

기본적 자연 윤리를 무시한 개발 행위에서 이제는 벗어나야 한다. 강은 하나의 살아있는 생명체로서 육지의 생명과 바다의 생명을 이어왔다. 수백만 년에 걸쳐 강은 인간을 포함한 숱한 생명을 보듬고 살려왔다. 새만금 개발의 가장 큰 문제는, '강은 흘러야 한다'는 기본적인 자연의 논리를 무시하고 역행한다는 것이다.

새만금은 만경강과 동진강의 하구를 막아 만들어진 곳이다. '새만금萬金'이란 이름 자체에 김제金堤 방조제와 만경萬頃 방조제를 더 크게, 더 새롭게 확장한다는 뜻이 담겨 있다. 예부터 김제·만경 평야를 금만 평야로 불러왔는데, 금만을 뒤집어 만금으로 바꾸고, 거기에 '새롭다'는 뜻의 '새'를 붙인 것이다. 그러나 만금이라는 용어는 '만경'과 '김제'라는 지명을 환기하기보다는 엄청난 규모의 부라는 뜻을 환기한다.

강의 하구를 막아 큰 돈을 벌겠다는 욕망으로 달려온 20년의 결과는 참담하다. 강의 흐름이 바다로 이어지는 자연의 기본적 흐름을 손상시키지 않는다는 윤리적 원칙에 기반하지 않은 어떠한 개발도 영원할 수 없음을 우리는 새만금 20년 개발 사업의 결과로 생생히 알게 되었다.

지금 새만금호 안으로 들어오는 해수의 양은 생태계를 안정화하는 데 턱없이 부족하다. 더 많은 해수가 유입되도록 새로운 계획을 마련하고 연안생태계를 망치는 내부준설과 매립을 하루빨리 중단하여 지방색이 물씬 묻어나는 갯벌과 하구생태계를 어떻게 복원할지 생각해야 한다. 그러나 그 시작은 하구와 갯벌 같은 생태계의 유지가 얼마나 커다란 공익적 가치가 있는지를 연구하고 알아가는 일일 것이다.

오동필

새만금 생태 모니터링을 20여 년간 진행하고 있다. 새가 좋아 물새 모니터링을 하고 있고, 이중 도요물떼새에 대해 관심이 많다. 처음 새만금 갯벌을 접했을 때 수많은 갯벌의 생명체들로 인해 잊을 수 없는 감동을 받았고, 지금은 이들의 대변인 역할을 자처하고 있다. 발밑에 걸린 가무락이라는 조개를 보고 너무도 아름다워 닉네임으로 정하기도 했을 정도다. 염분이 연안습지의 수질 및 생태계에 막대한 영향을 주고 있는 염분성층의 메커니즘에 대해 연구하고 있고, 새만금을 포함해 과거 서해 연안에 불어 닥친 하구둑이나 방조제 공사 등으로 만들어진 인공호수의 생태적 문제와 공학적 한계를 알리기 위해 노력하고 있다. 현재 새만금시민생태조사단에서 활동하고 있다.

오동필

참고문헌

서승원·이화영, 「새만금호 완공에 따른 수질 변화 모의」, 2008, 제11회(가)
　　　새만금 외해역 환경관리 정책 협의회(2019/04/22) 회의 자료.

새만금시민생태조사단, 「2003년 12월~2013년 새만금 조류조사 보고」,
　　　새만금시민생태조사단 10주년 워크숍, 2013.

새만금 물막이 10년 평가준비위원회, 새만금 물막이 10년 개발정책 전환을
　　　위한 토론회(2017.2.16) 자료집. 군산생태환경시민연대회의.

오찬성·최정훈, 「새만금호 내 밀도 성층 변화 고찰」, 한국해양환경에너지학회,
　　　2015.

조홍연·채장원·전시영, 「진해·마산만의 성층화 및 DO 농도변화」, 한국해양공
　　　학회, 2002.

환경부, 「전국 겨울철 동시 센서스」, 2010-2019.

새만금 개발, 새와 습지 그리고 우리의 미래

8장

산양의 설악산,
사람의 길

윤상훈
녹색연합 전문위원·전 사무처장

설악의 깊은 계곡에 누워 총상의 고통과 사투를 벌이고 있는 비운의 반
달곰. 부상 2주간의 마지막 고통이 얼마나 심했던지 반달곰은 '으엉, 으
엉' 계곡을 뒤흔드는 신음소리를 냈다. 구조반의 긴급 출동도 보람 없이
곰은 끝내 숨을 거두고 말았다. **경향신문 1983년 5월 22일**

설악산 마지막 야생 반달가슴곰이 밀렵꾼 총탄에 의해 끝내 숨졌
다. 1983년 설악산 마등령과 저항령에서 있었던 일이다. 당시 동아일
보, 경향신문 등 언론사 기자들이 현장으로 급파되었다. 설악산 반
달가슴곰의 멸종은 거친 숨소리와 함께 전국에 보도되었다. "오른
쪽 눈 위가 찢기고 발톱이 부러져있어 살기 위해 마지막 안간힘을
쓴 흔적이 역력했다." "반달곰은 뒷다리가 뒤틀리고 심한 경련을 일
으키며 숨을 헐떡거리더니 이내 조용해졌다." "밤하늘에 높이 뜬 반
달이 곰의 마지막 길을 지켜봤다." 설악산 마지막 반달가슴곰의 죽
음을 알리는 소식에 전 국민이 통탄했다.

1. 설악산의 역사

설악산은 우리에게 무엇인가? 설악산은 관련 법에 따라 국가가 지정한 법정 보호구역이다. 문화재보호법에 따른 천연기념물이며 동시에 자연공원법에 따른 국립공원이기도 하다. 1965년, 문화재청은 설악산을 천연기념물 171호로 지정한다. 해방 이후 산림 남벌이 극도에 달해 자연계의 멸망이 우려된다는 것이다.

> 8·15 해방 이후 급격한 인구의 증가와 자연자원 보호에 대한 정책의 미온으로 인하여 삼림의 남벌은 극도에 달하였으며, 어떠한 대책을 강구하지 않으면 자연계에 대한 멸망의 위기를 면치 못하게 될 것이다. 현재 우리나라에서 자연상의 피해가 가장 적다고 할 수 있는 지역이 설악산과 그 외 수개 지역에 불과할 것이니, 이 지역만이라도 우선 천연기념물로 지정하여 보호하여야 할 것이다. **문화재청, 설악산 천연보호구역 지정자료 발췌**

지금으로부터 55년 전, 박정희 정부도 설악산의 위기를 알고 있었고 그에 따라 설악산의 생태적·문화적 가치를 문화재보호법으로 보증했다. 1,708m의 대청봉이 끌어안은 지질과 지형, 동식물과 자연생태계, 수려한 경관을 보전하지 못한다면 과연 어디를 보전하겠냐고 역설했다. 1965년의 설악산 천연보호구역 지정 사유를 보면 표범, 사향노루, 반달가슴곰, 산양 등 멸종위기 대형 포유류의 마지막 서식지로 설악산을 언급한 부분이 눈에 들어온다. 그러나 안타깝게

윤상훈

도 표범, 사향노루, 반달가슴곰은 설악산에서 멸종되었고, 오직 250여 마리의 산양들만 살아남았다.

설악산은 천연기념물로 지정된 5년 뒤인 1970년에 국립공원으로 지정되었다. 1967년에 1호 국립공원으로 지정된 지리산에 이어 두 번째다. 지리산과 설악산뿐만 아니라 속리산(1970년), 덕유산(1975년), 오대산(1975년), 치악산(1984년), 월악산(1984년), 소백산(1987년), 태백산(2016년) 등 백두대간 주요 봉우리는 순차적으로 국립공원으로 지정되었다. 국립공원의 구역은 지속가능한 이용과 보전을 목적으로 공원자연보존지구, 공원자연환경지구, 공원마을지구, 공원문화유산지구 등 4개의 용도지구로 나뉘며 나름의 행위 기준을 거느린다. 이 중 국립공원 핵심지역인 공원자연보존지구는 국토 면적의 1.4%밖에 안 되는 특별한 곳이다. '생물다양성이 특히 풍부한 곳', '자연생태계가 원시성을 지니고 있는 곳', '특별히 보호할 가치가 높은 야생생물이 사는 곳', '경관이 특히 아름다운 곳' 등 특별히 보호할 필요가 있는 지역으로 각종 행위 제한이 따른다. 국제적 국립공원 기준은 공원자연보존지구의 접근을 철저히 막는다. 길과 시설물을 놓을 수 없고 출입도 학술 조사를 위한 출입 외에는 일체 금지된다.

그런데 설악산에 설치하겠다고 하는 케이블카는 총 길이 3.5km 중 국립공원 구역 내 3.4km를 통과하고 특히 공원자연보존지구를 2.9km나 통과한다. 이 문제를 어떻게 판단해야 할까?

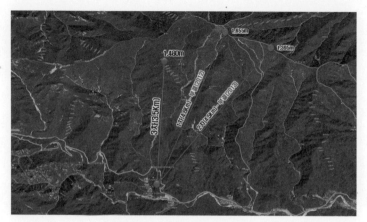

설악산 오색 케이블카 1, 2, 3차 노선

2. "설악산에 빨랫줄 하나 거는 게 무슨 대수냐"

설악산 케이블카 사업을 찬성하는 사람들은 "설악산에 빨랫줄 하나 건다고 무슨 일이 생기지 않는다"고 주장했다. 전국경제인연합은 설악산 대청봉에 4성급 호텔을 짓겠다는 '설악산 산악종합관광조감도'를 발표했다. 반발도 만만찮았다. 설악산 지킴이 '작은 뿔' 박그림은 '국가문화재 경복궁에 전봇대 6개를 꽂는 격'이라고 비유했다. 정상을 정복하는 것보다는 산을 오르는 과정이 더 중요한 산악인들은 대청봉에 올라 '산으로 간 4대강 사업'이라고 외쳤다. 이들은 설악산 케이블카를 신호탄으로 백두대간 주 능선과 봉우리가 산악개발의 광풍에 풍비박산 나지는 않을까 걱정했다. 그러니까 설악산 케이블카 문제는 단순히 '설악산'만의 문제가 아니다. 각종 보호구역과 백두대간의 빗장을 설악산부터 열 것인가 아니면 걸어 잠글 것인가의 문제인 것이다.

강원도 양양군은 2015년 4월, 설악산 케이블카 승인신청서를 환경부에 제출한다. 2012년과 2013년에 이어 세 번째 도전이었다. 양양군 서면 오색리에서 설악산 끝청봉까지 460억 원의 예산을 들여 3.5km 케이블카를 놓겠다는 것. 설악산 능선부를 따라 40~50m 높이의 중간 지주 6개와 가이드 타워 3개를 설치하고 시간당 최대 825명, 연간 60만 명의 관광객을 실어 나르겠다는 계획이다. 환경부 국립공원위원회는 2012년과 2013년 두 차례에 걸쳐 설악산 케이블카 사업을 부결시킨 적이 있다. 그런데 2015년 국립공원위원회는 과거와 달랐다. 2015년 8월 28일, 제113차 국립공원위원회는 '탐방로 회피 대책 강화방안 강구', '산양 문제 추가조사 및 멸종위기종 보호 대책 수립', '시설 안전대책 보완', '상부 정류장 주변 식물 보호 대책 추진' 등 7가지 부대조건을 걸고 설악산 케이블카 사업을 조건부 통과시킨다. 이후 설악산 케이블카 논쟁은 지금까지 진행형이다. 그런데 2012년, 2013년과 달리 2015년에는 무슨 일이 있었던 걸까?

3. 부정한 권력의 볼모로 잡힌 설악산

문재인 대통령이 취임한 후, 지난 정부 동안 '잃어버린 10년'을 되찾기 위한 '안전한 나라, 새로운 대한민국' 기획이 시작되었다. 일명 '적폐 청산' 작업이다. 환경부도 이명박, 박근혜 정부 시기 환경부의 폐단을 조사, 진단하고 불합리한 관행과 제도를 개선하기 위한 목적으로 2017년 11월, '환경정책 제도개선 위원회'를 발족한다. 설악산 케이블카 사업, 저탄소 협력금 제도, 환경영향평가 제도 등이 대상이었다. 다음 해인 2018년 3월, '환경정책 제도개선 위원회'는 2012년, 2013년 불허된 설악산 케이블카 사업이 2015년 국립공원위원회를 어떻게 통과하였는지 발표했다.

발표 내용은 충격적이었다. "전국경제인연합회의 정책 건의와 제6차 무역투자진흥회의에서의 대통령의 지시, 경제장관회의에서의 후속 조치에 따른 것으로 확인"되었다는 것이었다. 대통령의 한마디에 불법, 거짓이 버젓이 자행되었고, 행정기관은 입을 막은 채 권력의 손과 발이 되었다. 생명의 보고寶庫인 설악산은 부정한 권력, 부정한 욕망의 볼모로 잡혔다. 시간을 거슬러 올라가면 다음과 같다.

최순실과 연관된 경제인단체가 자연공원 내 케이블카, 산악승마와 열차, 정상부 리조트 등 산악관광 활성화를 건의한다(2014.6.9). 박근혜 전 대통령이 직접 '친환경 케이블카 확충 방안'을 지시한다 (2014.8.12.). 곧이어 최경환 전 기획재정부 장관은 산지 관광 활성화, 친환경 케이블카 확충을 중점 과제로 별도 관리하겠다고 발표한다 (2014.8.27). 문화체육관광부는 김종 제2차관실 산하 관광레저기획관실 주도로 '친환경 케이블카 확충 TF'를 꾸리고, TF 2차 회의에서는 양양군을 참여시켜 설악산 케이블카 설치 노선인 오색~끝청 구간을 확정한다(2014.11.7). 평창동계올림픽 이전 완공 추진이 목표였다. 한편 생태계 보전의 최일선에 서야 할 윤성규 전 환경부 장관은 케이블카 사업을 직접 '컨설팅'한다. 환경부는 2015년 국립공원

윤상훈

공단 직원을 동원해 비밀 TF를 운영하고, 사업자 양양군과 현장 조사 계획을 사전에 논의한다. 또, 국립공원위원회 민간전문위원회 현장 조사 및 검토보고서의 내용이 양양군에게 유리하도록 지원, 점검한다. 양양군은 제113차 국립공원위원회에 극상림과 아고산대에 대한 잘못된 언급, 경제성을 부풀린 정보, 산양 개체 수에 관한 그릇된 정보(단 1마리로 파악함)가 포함된 부실한 '자연환경영향검토서'를 제출한다. 당시 국립공원위원회 위원장이었던 정연만 전 환경부 차관은 미리 투표함까지 준비해 설악산 케이블카 사업을 결국, 승인한다(2015.8.28).

이런 일련의 과정 일체가 문제였음이 뒤늦게 밝혀졌다. 양양군 삭도추진단 공무원 2명은 사문서 조작 혐의로 유죄 판결을 받았고, 감사원은 실시설계 용역계약 부당체결과 3억 원 넘는 예산 손실을 이유로 해당 공무원의 징계를 권고했다. 양양군이 제출한 환경영향 평가서는 '유령 보고서', '슈퍼맨 보고서'로 불렸는데, 조사자가 없거나 거짓으로 작성된 정황이 확인되었다.

환경정책 제도개선 위원회는 환경부가 과거를 반성하고 향후 지속가능발전의 관점에서 변화와 혁신의 조직으로 거듭나길 요구했다. 또, 설악산 케이블카 사업의 문제점에 대한 감사와 재검증, 사업 타당성 전면 재검토를 제시했다. 장기적으로 같은 문제가 발생하지 않도록 이명박 정부부터 산지 개발 규제 완화로 개정 또는 변화된 사항, 기준 등을 전면 재검토하고 복원한다는 것, 즉각적인 민관합동 TF를 구성한다는 것도 조건으로 달았다. 나아가, 양양군과의 심

설악산 케이블카 사업에 반대하는 오체투지 시위

각한 갈등을 해소하기 위한 대안 연구 협의체 구성도 제안했다.

그리고 바로 이러한 흐름에서 환경부 원주지방환경청은 2019년 9월, 설악산 케이블카 사업을 '부동의'하는 결정을 내린다. 설악산의 자연환경, 생태경관, 생물다양성 등에 미치는 영향과 설악산 국립공원 계획변경 부대조건 이행방안 등을 검토한 결과, 사업 시행 시 부정적인 영향이 우려되고 환경적 측면에서 바람직하지 않다는 게 그이유였다. 양양군이 제출한 환경영향평가서는 '공사 구간이 아닌 주변 지역에서 식생을 조사한 것', '식생 조사와 매목 조사 결과가 대부분 불일치', '조사의 적정성에 문제가 있으며, 케이블카 상류정류장 희귀식물의 이식계획도 적정하지 않다'고 밝혔다. 환경영향갈등조정협의회에 참여한 한국환경정책·평가연구원, 국립생태원 등 전문 검토기관과 분야별 전문가들은 멸종위기 야생생물의 서식지 단

윤상훈

편화, 보전 가치 높은 식생의 훼손, 백두대간 핵심구역의 과도한 지형 변화 등 부정적 환경 영향을 지적했다. 결국 2019년, 설악산 케이블카 사업은 원점으로 되돌아갔다. 2015년 국립공원위원회 심의를 통과했지만, 환경영향평가 단계에서 '부동의' 처리되면서 무산된 것이다.

4. 사람을 위한 길, 산양을 위한 숲

2016년 말, 한국 사회는 대격변의 시대 상황과 마주한다. 세월호 참사와 최순실 적폐는 천만 촛불을 거리로 불렀고, 마침내 박근혜 대통령의 탄핵안이 그해 12월 9일 가결되었다. 그로부터 20일 뒤, 문화재청 문화재위원회 천연기념물분과위원회는 환경부 국립공원위원회가 통과시킨 '설악산 천연보호구역 내의 설악산 오색 삭도 설치 건'을 만장일치 '불허'하는 결정을 내린다. 그러나 이 두 사건은 별개의 사안이 아니었다. 대통령의 탄핵은 그 자체가 부정한 환경파괴 사업을 바로잡는 의미가 있었다. 당시 문화재위원회는 설악산 천연보호구역에 미치는 야생동물의 서식환경 악화, 외래종의 침입 가능성, 정류장 설치에 따른 지질 훼손, 경관에 미치는 영향을 크게 우려했다.

설악산 같은 국립공원 내 케이블카 사업은 환경부 국립공원위원회의 심의를 거쳐야 하지만, 설악산의 경우 국립공원인 동시에 천연기념물이기에 문화재청 문화재위원회의 검토도 거쳐야 한다. 문화

야영과 취사가 가능하던 시절의 설악산 대청봉. 등산로는 패이고 민둥산이 되었다.

재위원회가 설악산 케이블카 사업을 심의한 일은 1982년에도 있었다. 그때도 최종 결정은 불허, 또 불허였다. 문화재위원회는 1982년 8월, 오색~중청봉, 장사동~울산암, 용대리~백담사 등 3구간에 제출한 케이블카 사업을 '불허'했다. 같은 해 12월에 건설부와 강원도는 오색~중청봉, 장사동~울산암 등 2구간에 대해 다시 문화재 현상 변경을 신청했고, 문화재위원회는 그때에도 '불허' 결정을 내린다. 강원도가 1982년 제출한 케이블카 추진 타당성에 관한 문서는 양양군이 2012년, 2013년, 2015년의 논리와 놀랍도록 흡사했다. 강원도의 산지 비율은 80%가 넘기 때문에 휴양과 산악관광 목적의 개발이 필요하다는 것이며, 나아가 케이블카는 노인과 사회적 약자의 환경 향유권을 보장할 수 있다는 것이었다. 그러나 문화재위원회

윤상훈

의 판단은 단호했다. 개발을 위한 땅이 있고, 보전을 위한 땅이 있다고 했다. 사람을 위한 길도 있지만, 산양을 위한 숲도 있다는 것이다. 1982년, 문화재위원회는 이렇게 발표했다.

> 설악산은 우리나라 자연 중에서 가장 대표가 되는 천연보호구역이며, 유네스코에서도 이 지역을 생물권 보전지구로 지정하였으므로, 동 지역의 자연은 인위적인 시설을 금지하여 자연의 원상을 보존해야 하는 것이 이 지역관리의 기본이 되어야 함. 케이블카 설치로 더 많은 사람이 산 정상에 오르내리게 됨에 따라 중청봉의 경우, 이 지역의 희귀자연이 크게 훼손될 우려가 있음. 오색~중청봉 간 케이블카는 내설악의 핵심지역에 설치하고자 하는 것이고 이로 인해 자연경관이 크게 훼손될 우려가 있음으로, 이는 불가함. **1982년 문화재위원회 회의록**

5. 문제의 뿌리-자연공원법 시행령 개정

설악산은 천연기념물, 국립공원일 뿐만 아니라 백두대간 보호구역, 유네스코 생물권보전지역, 세계자연보전연맹IUCN 지정 Ia(엄정보전지역) 등 5가지 산지 보호구역이기도 하다. 한마디로, 겹겹이 보호받고 있는 절대 보호지역인 것이다. 그러나 2014년 8월, 박근혜 전대통령이 주재한 제6차 무역투자진흥회의에서 국립공원 내 케이블카 사업에 대한 적극 지원방안이 논의된 후 설악산 케이블카 사업은 보호구역 핵심구역을 향해 걷잡을 수 없이 질주한다. 국립공원

공원자연보존지구는 특별한 보전이 필요한 지역인데, 어떻게 케이블카 같은 대규모 관광레저 시설이 가능할까.

그 해답을 우리는 이명박 정부 시절 규제 완화된 자연공원법에서 찾을 수 있다. 환경부는 '자연공원 삭도 설치·운영 가이드라인'(2011.5.3.)에 따라 자연공원 내 케이블카 설치와 운영에 관한 기본방향을 제시한 바 있다. 이에 따르면, 케이블카 설치를 위한 고려사항으로 중요한 생태·경관자원은 최대한 보전하고 주요 봉우리는 피하며 기존 탐방로와 연계하시 않아야 한다. 또한 '생물다양성 및 보전가치가 매우 높은 식물군락', '생물다양성 및 보전 가치가 매우 높은 습지·사구沙丘·해빈海濱[36]·해중림·산호군락', '멸종위기종, 천연기념물 등 법적 보호종의 주요 서식처·산란처 및 분포지', '문화재, 전통사찰 및 주요 경관자원', '유네스코 세계문화유산으로 지정된 지역' 등 민감 지역은 최대한 회피해야 한다. 환경부 가이드라인에 따르면, 멸종위기야생생물 I급 산양의 번식지, 유네스코 생물권보전지역, 아고산대 식물군락, 국립공원 공원자연보존지구를 관통하는 오색~끝청 구간의 설악산 케이블카 사업은 애초 불가능했다. 그러나 이명박 정부 시절 개정된 자연공원법 시행령이 모든 것을 가능하게 했다. 새 시행령은 국립공원 공원자연보존지구의 케이블카 연장

---

36 간조선, 만조선 때의 해안선뿐만 아니라 폭풍에 의한 해일海溢이 미치는 범위로, 모래와 자갈 따위로 이루어진 해안이다. 주로 육지 쪽에서 바다 쪽으로 느리게 경사지며, 해안 모양은 반달 모양을 이룬다.

윤상훈

설악산의 상징인 산양. 문재인 정부 4년이 지난 현재,
자연공원법 시행령은 바뀌지 않고 있고 한국의 야생은 벼랑 끝에 있다.

을 기존 2km에서 5km까지, 케이블카 정류장 높이를 기존 9m에서 15m까지 허용하고 있다. 공원시설로 소규모 공항을 추가한 것도 이때다.

이로써 지리산국립공원 천왕봉, 설악산국립공원 대청봉 등 우리나라 산악형 자연공원 정상, 백두대간 주요 봉우리 그 어디에도 케이블카가 들어설 수 있게 된다. 다도해상국립공원의 흑산도 공항이 논란이 된 것도 바로 이 자연공원법 시행령 개정 때문이었다.

과연, 국립공원은 개발 유보지인가. 한국의 야생은 지금 벼랑 끝에 서 있다. 백두대간 주요 산줄기는 관광 유원지로 바뀔지도 모를 일이다.

문재인 정부 4년이 지난 현재, 자연공원법 시행령은 바뀌지 않고

산양의 설악산, 사람의 길

있다. 게다가 케이블카는 여전히 '공익시설', '공원시설'로 인식되고 있다. 기나긴 산악 개발 논란은 국립공원, 백두대간보호지역 등 각종 보호구역에 설치 가능한 '공익시설', '공원시설' 범주에 케이블카 시설을 삭제해야 비로소 일단락될 것이다. 자연공원법 시행령의 케이블카 연장에 관한 규정은 당연히 폐기하고, 환경부의 '자연공원 삭도 설치·운영 가이드라인'을 강화해야 한다. 보호구역을 보호구역 답게 관리할, 국제 기준에 맞는 보호 체계도 만들어보자. 문화재보 호법은 '문화재의 원형 보존'을 명시하고 있다. 원형을 훼손하는 보호지역의 불법 행위는 단호히 처벌해야 한다.

하지만 문재인 정권 집권기 내내 설악산 케이블카 사업 문제가 해결될 기미는 보이지 않았다. 환경부가 양양군의 환경영향평가 본안에 대해 '부동의' 처리했지만, 이번에는 국민권익위원회 소속 중앙행정심판위원회가 발목을 잡았다. 환경부의 부동의 처분이 부당하다는 것인데, 환경영향평가법에 명시된 환경영향평가 '재보완'의 기회를 양양군에 주지 않았다는 것이 그 이유였다. 또, 부동의 근거가 현저히 합리성을 결여한 것이라고 했다.

그러나 중앙행정심판위원회의 '인용재결'(중앙행정심판위원회가 원주지방환경청의 환경영향평가 부동의 협의의견 처분을 취소한 인용재결) 결정은 국립공원 관리 체계를 근본적으로 훼손하는, 이해할 수 없는 판단이었다. 원주지방환경청은 설악산 케이블카 사업에 대해 2016년 1차로 보완을 요구했고, 양양군은 무려 2년 7개월에 걸친 긴 시간을 들여 보완서를 작성해 제출했다. 당시 양양군의 보완서를 검토

　　　　　　　　　　　　　　　　　　　　윤상훈

한 '환경영향갈등조정협의회'는 총 13회의 논의를 거쳤고, 이를 근거로 원주지방환경청은 자연 및 환경에 미치는 영향을 종합적으로 고려해 볼 때 양양군의 보완내용이 심각하게 부실하다고 최종 판단했던 것이다. 사업 예정지의 동·식물상과 지형 등 환경 현황에 대한 조사와 영향 예측이 미흡하고 환경 영향을 최소화하기 위한 저감·보호 방안이 적정하게 제시되지 않았다는 것이 '부동의'의 이유였다.

현재 이 사안은 원점으로 되돌아가, 환경부는 중앙행정심판위원회의 행정심판 재결 취지에 따라 '설악산 케이블카 환경영향평가서 2차 보완 요구서'를 양양군에 보낸 상황이다.

6. '작은 뿔' 박그림처럼 '산양되기'

이명박과 박근혜, 최순실의 시간. 퇴행의 한 시대가 갔다. 문재인 정부에게 주어진 과제는 많았고, 그만큼 새 정부에 대한 기대도 컸다. 사회에 만연한 불공정과 불평등, 환경 위험, 산업 재해, 재벌 개혁과 검찰 개혁······넘어야 할 산이 한둘이 아니었다. 정치·경제·사회·문화의 퇴행을 바로잡고, 생태적으로 지속가능한 사회를 향한 계획도 새로 정립해야 했다. 새 정부 수립 후 4년이라는 적지 않은 시간이 흘렀다. 새 정부는 그간 얼마나 시민들의 기대에 부응했을까? 박근혜 정부 때 발동이 걸리기 시작한 설악산 케이블카 사업 문제는 결국 어떻게 될까?

2020년의 일이다. 기획재정부는 '한걸음 모델'이라며 '하동알프스 프로젝트'를 검토하자고 제안한다. "신新사업 도입을 통해 사회 전체적으로 편익이 증가하여 국민 모두 규제 혁신의 혜택을 골고루 향유하는 대타협 모델 지향"한다는 것이 '한걸음 모델'의 명분이었다. '하동알프스 프로젝트'는 경남 하동군 삼성궁~지리산 형제봉 15km 산악열차, 형제봉~악양면 2.2km 모노레일, 형제봉~화개면 3.6km 케이블카, 정거장 6개소, 형제봉 알프스힐파크를 아우른 총 20.9km 규모의 산악관광 개발 사업이다. 뜬금없는 사업이라 생각할 수 있겠지만 실은 기획재정부의 국가 정책으로 연차별로 차근차근 추진되던 개발 사업이다. 이 사업이 설악산 케이블카 사업과 다른 점이 있다면, 지리산국립공원 경계 밖의 사업이라는 점이다. 기획재정부의 계획은 '하동알프스 프로젝트'를 시범사업으로 지리산 전역, 강원도 대관령과 매봉산 등 백두대간, 군립·도립공원, 국립공원 등 보호구역으로 산악관광을 확장하겠다는 것이다. 기획재정부는 '친환경 산림휴양관광'이라고 사업명을 지었지만, 그 알맹이는 박근혜 정부 당시, 전국 산지의 70%에 호텔, 리조트, 골프장을 개발하겠다는 '산림분야 투자활성화' 계획과 대동소이하다. 그러니까 하동알프스 프로젝트는 설악산 케이블카를 향하고 있다. 반달가슴곰과 산양의 숲을 포기하고, 국립공원을 사람과 경제의 필요에 따른 개발 대상지로 판단한 것이다. 한마디로 현·정부는 산악관광 '환경 적폐'를 검토하면서도, 실은 산악관광 활성화와 부흥을 체계적으로 추진했다.

문재인 정부 수립 후 4년, 지속가능한 사회로의 이행은 더 이상 국가적 과제가 아니다. 취임 초기의 약속은 깡그리 무시한 채 오직

윤상훈

설악산 지킴이 박그림 녹색연합 공동대표가 엄동설한에도 시위를 하고 있다.

침묵으로 일관하고 있다. 정책을 밀고 나갈 명분도, 의지도 잃어버린 채 퇴보만을 거듭하고 있다. 국제적 기후 악당의 오명을 벗어날 길은 아득하기만 하다. 오히려 100조 원 예비비타당성조사 면제를 결정하는 등 지난 정부의 개발 본위 정책을 되풀이하고 있다. 이명박, 박근혜 정부를 '환경 적폐'로 비판한 문재인 정부가 스스로 '토건 정부'로서 돌이킬 수 없는 강을 건너고 있는 것이다. 현 정부 국정과제의 지역공약으로 언급된 제주 제2공항, 흑산도 공항, 지리산 전기열차, 서남동해 관광 휴양벨트 조성, 부산 동남권 관문 공항 건설, 각종 도로 건설계획은 문재인 대통령 임기 내내 논란을 일으키고 있다.

그렇다면 과연, '산양의 땅' 설악산의 온전한 보전을 위해 무엇이 필요할까? 설악산 지킴이로 널리 알려진 박그림은 산양되기, 바위되기, 나무되기, 설악산되기 전문가이다. 한겨울, 산양이 사는 바위굴에 들어가 산양처럼 그는 설악산을 바라본다. 나무처럼 바람처럼 설악산을 온전히 마주한다. 한 번이라도 산양, 바위, 나무, 설악산을 지긋이 바라본 적이 있다면, 자연을 그토록 함부로 대하지는 못할 것이다. 설악산 케이블카를 '그깟 빨래줄 하나가 뭔 대수냐'라고 말하지는 않을 것이다. 우리의 삶이 무엇으로 가능한지, 꾸준히 질문해 보자. 자연과 나의 삶이 어떤 연관이 있는지 살펴보자. 좋은 삶은 무엇일까? 과연 무한한 경제성장만이 우리의 삶을 행복하게 하고 지속가능하게 할까?

설악산이 무너지면, 전국의 산하山河가 무너질 것이다. 더불어 우리의 삶도 심하게 휘청거릴 것이다. 설악산은 사람을 위한 길이 아니라 생물다양성의 은밀한 보금자리로 남겨두면 좋겠다. 설악산 케이블카나 국립공원 난개발이 아니라, 양양군과 설악산이 상생할 대안을 마련하면 어떨까. 지금의 기괴한 자연공원법을 자연공원 보전을 위한 명실상부한 보전 법안으로 다시 바꿔보자. 대한민국 헌법에 '자연의 권리'를 명시하는 것도 하나의 방법일 것이다. 무엇보다도 '생명의 가치'를 중시하고, 성장보다 공생과 균등을 첫 번째 국정 원칙으로 삼는 세상은 과연 유토피아에 불과할까? 우리는 지금 설악산이라는 갈림길에 서 있다. 어느 길로 가야 할까? 우리의 삶에 산양의 숨결이, 설악산의 장고한 시공간이 시리도록 아름답게 펼쳐지는 길로 갈 수는 없을까?

윤상훈

윤상훈

'녹색의 가치'를 지향하는 녹색연합 19년 차 활동가이다. 자연생태국, 정책실, 녹색습지교육원, 조직국을 거쳐 '우리 모두의 녹색연합' 실무책임자로서 사무처장 일을 6년간 했다. 개발 문명을 대체하는 녹색 세상이 가능하다고 믿는다. 학부에서는 도시공학을, 대학원에서는 미학을 전공했고 생태미학을 주제로 논문을 썼다. 한때 현대미술전 비엔날레 기획자, 도슨트로 활동했지만, 자연의 아름다움을 더욱 갈망하고 있다. 바다가 좋아 틈만 나면 바다로 간다. 다음 생에는 방파제가 되어 바다와 함께 태풍을 마주하고 돌고래와 인사하며 그리운 벗을 기다리는 꿈을 꾼다. 지금은 제주 바다 산호에 빠져 있다. 바닷속에서 기후위기의 징후를 찾는 일이 즐겁다. '제주산호센터'를 만들어 산호 모니터링, 보전 캠페인, 시민과학자 교육 같은 일을 하고 싶다.

9장

산으로 간 4대강 사업
- 지리산산악열차와
산림휴양진흥정책

지리산산악열차반대 대책위원회

지난 2017년 겨울, 많은 사람들이 거리에서 촛불을 들었다. "재판관 전원의 일치된 의견으로 주문을 선고한다. 주문, 피청구인 대통령 박근혜를 파면한다." 긴 공방 끝에 헌법재판관의 판결 선고와 함께 봄은 찾아왔고, 세상이 바뀔 거라는 기대감에 들뜬 사람들도 많았지만, 또 다른 사람들은 지지하던 대통령의 탄핵 소식에 절망했을지도 모른다. 항상 오는 봄이지만 특별한 것 같은 봄이었고, '통합과 공존'을 국정운영의 기치로 내건 문재인 대통령이 취임했다. 인천공항 비정규직 근로자 문제, 노후 원자력발전소 가동 중지, 남북정상회담, 한일 위안부 합의 파기 등 파격적인 정책으로 추위와 맞서가며 촛불을 들었던 우리들의 바람이 이루어지는 것 같았고, 많은 문제들의 실마리가 풀리는 듯했다. 국민들은 뜨거운 지지로 화답했고 압도적인 지지율을 등에 업고 적폐가 하나둘 해결되는 듯했다. 비로소 우리 사회가 '진보'하는 듯한 생각이 들었다.

그러던 어느 날, 불현듯 불청객이 찾아왔다. '코로나19'는 전 세계가 신뢰하던 시스템을 파괴하기 시작했다. 국경은 폐쇄되었고, 경제는 마비되었으며, 감염 차단을 이유로 사람들 사이에는 장벽이 놓이기 시작했다. 정부의 신속한 대응으로 감염확산의 위험은 줄어들었으나 곧바로 경제위기가 닥쳐왔다. 위기 타개책으로 제시된 것이 '규제혁신을 통한 경제 활성화'였다. 그리고 그 중 하나가 관광산업 분야의 산지규제특례 마련을 통한 '산림휴양관광진흥정책'이었다.

지난 봄 우리에게 다가온 '진보'는 무엇이었을까?

그 소식을 듣고 불현듯 되살아난 4대강 사업의 기억들. 강을 정비하고 일자리 창출하여 경제를 살린다며 가해졌던 그 폭력의 손길들! 습지와 모래톱을 끊임없이 뭉개던 수많은 굴삭기들이 이제 산으로 오르려 한다.

산지관리법 등으로 겨우 지켜지던 그 숲들이 이제 곧 사라질지도 모른다. 더군다나 시범사업이 바로 '하동알프스 프로젝트.' 악양에서는 해발 1,100m 형제봉을 향해 모노레일이 놓인다. 지리산 남부 능선을 경계로 마주하는 화개면에는 케이블카 정류장이 들어선다. 그 둘은 형제봉에서 만나고 그곳에는 관광객이 머물 호텔이 들어선다. 정상에서 삼성궁까지 국립공원을 피해 기찻길이 놓인다. 산악열차 15km, 모노레일 2.2km 케이블카 3.6km!

더 무시무시한 일은 하동알프스 프로젝트는 단지 시범사업이라는 것이다. 이 사업이 성공하면, 다른 산에도 얼마든지 열차가 달리고 호텔이 지어질 수 있다는 것이다.

지리산산악열차반대 대책위원회

1. 기억해야 할 숫자와 기호의 연대기

329　1982년 11월 4일 문화재청은 반달가슴곰을 천연기념물 제 329호로 지정한다. 이로써 반달가슴곰은 국가로부터 법적 보호를 받게 되었다.

0　1983년 5월 21일 마지막 반달가슴곰으로 알려진 설악산의 반달가슴곰이 밀렵꾼의 총에 죽었다. 마지막 반달가슴곰은 사라졌지만, 문화재보호법의 천연기념물 목록에서 반달가슴곰은 사라지지 않았다.

4~5　1996년 8월 14일 환경부는 지리산에 야생 반달가슴곰 4~5 마리가 서식하고 있다고 발표한다. 지리산 이외에도 태백산과 오대산, 설악산, DMZ에도 반달가슴곰이 서식하고 있다고 했다.

1　2000년 11월 29일 지리산 반달가슴곰이 MBC 카메라에 모습을 드러냈다. 카메라에 촬영된 단 하나의 반달가슴곰으로부터 오늘의 역사는 시작되었다.

4　2001년 9월 8일 지리산국립공원에 반달가슴곰의 안정적 개체군 유지를 위한 '반달가슴곰 복원 사업'이 시작되었다. 사람들은 지리산에 없던 곰을 풀어놓았다고 했지만, 사실은 1996년에도 확인했듯 '지리산에서 한 번도 없어지지 않았던 반달가슴곰'이 더 나은 삶

을 살기를 바라는 취지의 조치였다. 멀리서 온 4마리의 곰이 지리산의 새 식구가 되었다.

2018　2011년 7월 7일, 2018 평창동계올림픽 유치가 확정되었다. 많은 사람들이 다양한 이유로 환호했다. 그 누구도 평창동계올림픽의 유치가 한반도 남쪽의 산림 생태계에 위협을 가하리라고는 생각하지 못했다.

∞ 순환교통망　2011년 12월 8일, 한국철도기술연구원에서 평창동계올림픽 순환대중교통망 구축을 위한 산악철도 기술개발을 발표했다. 분명 동절기 순환대중교통망 구축이 목표라고 했었다.

400　2013년 6월 28일, 강원도 정선군 북평면 숙암리 산400 등의 필지가 「2018 평창 동계올림픽대회 및 장애인동계올림픽대회 지원 등에 관한 특별법」에 따라 산림유전자원보호구역에서 해제되었다. 일제강점기와 6·25 전쟁 후의 혼란기도 견뎌낸 숲을 단 며칠 간의 축제를 위해 제거한다는 결정이 나왔다.

78.3과 5315　훼손 예정지 78.3ha의 숲에는 총 5,315그루의 나무가 있었다.

863　863그루의 주목, 분비나무, 전나무, 소나무가 '보호 가치가

있는 것'으로 인정받았다.

121   그중 121그루의 나무만이 다른 곳으로 이식되었다. 하지만 이후 생존 여부는 알 수 없다.

10   '보호 가치가 없는' 잡목과 보호 가치가 있으나 무게가 10t을 넘어 '운반이 곤란한' 나무들은 베어졌다. 일방적으로 마련된 기준에 따라 보호 가치가 있음과 없음이 결정되었고, 보호 가치가 있다고 판단된 나무들 중에서도 진정한 보호 가치를 지닌, 크고 오래된 나무들은 기술적·경제적인 이유로 벌목되었다.

3   2014년 6월 9일, 전국경제인연합회에서 '산악관광활성화를 위한 3대 분야 정책건의'를 발표했다. 평창동계올림픽의 주무대가 될 대관령 일대를 개발하기 위한 노력이 시작되었다. 산악철도를 놓고, 리조트를 만들고, 승마장을 만들면 잘 살 수 있다고 했다.

∫ 적분   2015년 7월 16일, 전국경제인연합회에서는 '평창동계올림픽을 활용한 강원도 산지관광활성화 방안 세미나'를 개최했다. 정부에서는 관광산업육성대책회의를 열고 '산악관광진흥구역' 도입을 논의했고, 무역투자진흥회의에서 '산악관광활성화' 대책을 논의했다. 정부와 기업은 하나가 되어 우리 모두를 위한 '발전'을 논의하기 시작했다.

Υ 중간자   2015년 10월 20일, 산악관광진흥구역 지정 및 운영에 관한 법률 제정안이 국무회의를 통과했다. 기업의 욕망이 구현되도록 정부가 움직이기 시작했다.

Δ 변화   2018년 12월 17일, 새 정부는 '산림휴양관광특구 지정'을 경제정책에 추가할 것을 검토했고, 여기에 '하동알프스 프로젝트'가 포함되었다. 그 누구도 모르고 있었다. 심지어 이런 변화가 있었다는 것도 최근에서야 알게 되었다.

Ⅴ 책임   2019년 4월 15일, 하동군과 ㈜삼호는 알프스하동 추진을 위한 양해각서를 체결했다. 양해각서라고 했다. 법적 책임이 따르지 않는 '어떤' 책임에 대한 약속을 했다고 한다. 그 누구도 책임지지 않는 약속을 했고, 그 책임은 찬성·반대를 떠나 하동군민들이 지고 있다. 그것도 갈등과 분열의 형태로 말이다.

^ 거듭제곱   기획재정부는 혁신성장정책보고에서 '산림휴양관광산업 및 한걸음모델 운영 계획'을 발표한다. 추상적으로 보였던 사업이 단계를 거듭하며 구체화되기 시작했다.

ξ 중요 변수   2020년 4월 29일, 총리실 주재 제1차 비상경제중앙대책본부 회의에서 10대 산업 분야 규제혁신 방안 중 관광 분야 규제혁신 사업으로 산림휴양관광 활성화 정책이 발표되었다. 분명 코로

만들어진 갈등, 반대대책위와 유치추진위의 현수막

나19는 대규모 산림개발 정책에서 매우 중요한 변수로 작용했다.

τ **평행이동**   2020년 5월 26일, 총리실 주재 국가관광전략회의에서 하동알프스프로젝트를 산림휴양관광활성화 정책의 시범사업으로 선정하는 동시에 산림휴양관광진흥법(특별법) 제정 추진을 의결했다. 행정부의 기대는 입법부의 역할로 향하고 있었다.

α **시작**   2020년 6월 25일, 기획재정부의 산림휴양관광 활성화 정책 시범사업 추진을 위한 한걸음모델 1차 회의가 열렸다. 모든 것이 시작되었다. 우리의 발걸음도.

÷ **분열**   2020년 7월 9일, 하동군은 화개면사무소에서 주민설명회를 열었다. 준비 없이 형식만 갖추기 위해 마련된 자리에서 "들어온 것들을 싹 색출해서 쫓가내!"(힘을 주고 매우 큰소리를 이야기해야 함)

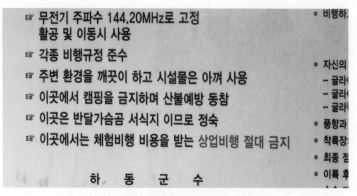

다음은 표지판 내용:

☞ 무전기 주파수 144.20MHz로 고정
활공 및 이동시 사용
☞ 각종 비행규정 준수
☞ 주변 환경을 깨끗이 하고 시설물은 아껴 사용
☞ 이곳에서 캠핑을 금지하며 산불예방 동참
☞ 이곳은 반달가슴곰 서식지 이므로 정숙
☞ 이곳에서는 체험비행 비용을 받는 상업비행 절대 금지

하 동 군 수

하동군에서 형제봉에 설치한 표지판

라는 말이 나왔다. 주민 갈등이 시작되었다.

÷ **분열2**   2020년 7월 10일, 하동군은 고성과 욕설이 오간 화개면 주민설명회에 이어 악양면 주민설명회를 강행했고, 역시나 비슷한 일이 벌어졌다. 주민 갈등은 심화되기 시작했다.

Ω **저항**   2020년 7월 26일, 형제봉에서, 그것도 사업대상지에서 반달가슴곰 한 쌍이 촬영되었다. 1982년 문화재청의 천연기념물 지정으로 인정된 반달가슴곰의 법적 지위는 우리가 국가와 자본에 저항할 수 있게 한 유일하면서도 가장 큰 힘이었다.

π **180° 저편**   2020년 8월 15일, 사천·남해·하동 지역구 국회의원인 하영제 의원을 만났다. "나는 나설 수 없다. 내가 군수에게 갈 수

는 없다. 내가 군수를 오라고 할 수도 없다. 왜냐하면 나는 군수를 존중하고, 군정에 간섭하지 않을 것이기 때문이다. 따라서 군수가 와서 나에게 설명할 때까지 나는 기다릴 것이다. 군수의 이야기를 들은 후에 이 사안에 대해 '객관적'으로 생각해보겠다."는 말을 했다. 지역구 국회의원과 기초자치단체장은 서 있었다. 그들에겐 지역 주민의 갈등도, 반달가슴곰도 보이지 않는 듯했다.

19 2020년 8월 20일, 한걸음모델이 코로나19 확산으로 연기되었다. 코로나19로 인한 경제위기를 극복하려던 시도는 코로나19로 잠시 멈출 수밖에 없었다.

5 2020년 10월 29일, 기획재정부는 사업대상지 현장답사를 포함한 한걸음모델 5차 회의를 열었다. 하동군청에 따르자면, '극소수의 현지인도 아닌 지역주민'들로 지칭된 사람들은 형제봉 정상에서 한걸음모델 위원들의 방문을 기다렸다. 이를 눈치챈 하동군청 관광진흥과 과장(답사지원 1호 스타렉스 운전자)은 급히 차를 돌려 다른 답사 현장으로 향했다. 그곳에는 군청 연락을 받고 이들을 환영하기 위해 '대부분의 현지인으로 구성된 지역주민들'이 모여 있었다. '우연히 그 자리에' 모여 있었을 뿐이다.

Ω 저항2 2020년 11월 19일, 국회의사당 정문 앞에서 한걸음모델을 규탄하는 농성에 돌입했다. 하동군청 앞에서도 무기한 일인시위

가 시작되었다. 그리고 유난히 추웠던 겨울이 시작되었다. 하지만 그 추위도 저항의 열기를 막지는 못했다.

11 2020년 11월 27일, 11명의 국회의원, 지리산산악열차반대 대책위원회, 한국환경회의는 공동 성명을 발표했다. 지리산을 지켜준 국회의원 11명의 이름을 기억한다. 국회 기획재정위 소속 고용진/기동민/김경협/박홍근/우원식/용혜인/장혜영/홍익표 의원 그리고 국회 환경노동위 소속 강은미/양이원영/윤미향 의원. 입법부의 역할을 기대했던 기획재정부는 곤란해졌을 것이다. 변화가 시작되고 있었다!

~3 존재하지 않는다 2020년 12월 11일, 기획재정부는 한걸음모델 논의 결과를 발표했다. '합의된 결론에 이르지 못함'이 그 내용이었다. 상생조정기구, 갈등조정기구, 사회적합의기구라는 많은 수식어가 붙었던 한걸음모델에는 상생도, 갈등 조정도, 사회적 합의도 존재하지 않음을 확인할 수 있었다. 하동군은 '원점에서부터 재검토'라는 논의 결과에 응답하지 않았다.

2 2020년 12월 17일, 지난 여름 형제봉 사업대상지에서 촬영되었던 반달가슴곰 한 쌍이 이날 MBC 뉴스데스크를 통해 자신들의 존재를 알렸다. 두 마리의 반달가슴곰은 새로운 희망을 남겨놓고 다시 숲속으로 사라졌다.

2020년 형제봉에서 촬영된 반달가슴곰

≠ 같지 않다 2020년 12월 19일, 하동군은 형제봉에서 촬영된 반달가슴곰은 실재하지 않는다고 이야기했다. 그리고 하동알프스 프로젝트는 반드시 진행할 것이라고 호언했다.

1+1=3 지리산 반달가슴곰들이 겨울잠에 들어갔다. 도토리가 풍성했던 올가을을 떠올리면 2020년 7월 26일 촬영된 반달가슴곰의 뱃속에는 새끼곰이 자라고 있을 것이다. '그'의 삶이 '어미'의 삶보다 나아지기를 바란다. 우리가 희망하는 '발전'은 그런 것이라고 믿는다.

≡ 합동 2021년 2월 3일, 설악산 오색케이블카 환경부 부동의 촉구 농성장을 방문했다. 저항하는 대상과 표현은 다르지만, 우리는 한마음이었다.

i 허수 2021년 3월 19일, 하동알프스 프로젝트 사업자인 대림건설이 하동군과의 MOU를 해지했다. 하지만 그들의 결정은 생명에 대한 존중 때문이 아니라 사업성 부족 때문이었다. 사업성만 보장된다면 지금껏 우리가 겪은 일과 비슷한 일은 어느 곳에서든 벌어질 수 있다. 큰 숙제를 덜고 0의 평화가 찾아오길 바랐지만, 대림건설의 MOU 해지는 하동알프스 프로젝트를 0으로 돌려놓지는 못했다. 오히려 −1이었는지도 모른다. 하동군수가 더욱 완강하게 사업강행 의사를 표현하기 시작했기 때문이다.

λ 고유값 2021년 3월 29일, 환경부의 전국 생태·자연도 정기고시가 있었다. 하동알프스 프로젝트 사업대상지였던 지리산 형제봉 일원이 생태·자연도 1등급 권역으로 상향조정되었다. 자연의 고유한 가치는 인위적으로 평가될 수 없다고 생각하지만, 우리는 '보전'과 '복원'을 원칙으로 하는 1등급 권역 지정에 환호할 수밖에 없었다. 우리가 기댈 수 있는 것은 '인위적인 한계'뿐이기 때문이다.

∴ 따라서 이제 하동군이 '하동알프스 프로젝트 백지화'를 선언할 차례이다. 그게 이 문제에 대한 유일하고 올바른 답이라고 믿는다.

♫ 즐거운 상상 우리는 지금의 하동알프스 프로젝트에는 반대하지만 새로운 프로젝트, 이름하여 '형제봉 반달곰 프로젝트'를 꿈꾼다. 봄이면 정상 아래 북사면 평전을 가득 채우는 박새꽃과 능선부 탐

형제봉에서 바라본 지리산 주능선의 모습

방로 주변에 가득 피어나는 철쭉과 노랑제비꽃과 군데군데 군락을 지어 소담한 꽃을 피워내는 산작약 군락지가 숨어 있는 곳! 여름 산 마루에 서면 굽이쳐 흐르는 섬진강을 바라볼 수 있고, 발아래 짙게 우거진 푸른 숲엔 하늘다람쥐, 담비, 삵, 노루가 뛰어다니는 곳! 가을이면 숲 곳곳에 쓰러진 신갈나무에서 피어나는 온갖 버섯들과 붉게 물들어 가는 단풍 그리고 옛 원강사지元岡寺址 한구석에서 하얗게 빛나는 주춧돌과 일주문의 초석들! 겨울이면 반달가슴곰이 겨울잠을 자기 위해 찾아오는 곳! 그리고 그 형제봉에 깃들어 나물을 뜯고 물을 얻고 자식을 키우며 서로를 위안하는 산 아래 사람들! 우리가 꿈꾸는 것들이 새로운 시범사업으로, 새로운 특별법으로 만들어져 모두가 함께 쉬어갈 수 있는 '산림휴양관광진흥법'이 될 수 있도록 다시 '한 걸음 나아갈' 것이다. '통합과 공존'을 원칙으로 한다던 정부가 만들어낸 '대립과 갈등'이 아니라, 지난 겨울 우리 모두가 선택했던 '상생과 평화'의 그 다짐을 실현해야 할 때이다.

2. 새로운 시대를 위한 몇 가지 제안

아래의 대안은 구체적인 방법론이 아닌 단순한 개념의 제안일 뿐이다. 관련 분야 전문가들이 이미 고민하고 있는 사항들일 것이다. 좀 더 나은 사회를 위한 다양한 집단의 노력을 기대해본다.

(1) 산림정책: 산림자원-경영에서 산림생태계-보전으로

산림기본계획은 산림정책의 목표로 '자원으로서의 산림'을 제시하고 있고, 자원관리를 위한 산림경영을 방법론으로 제시하고 있다. 산림기본계획이 산림을 자원으로 인식하고 경영하여 소득을 창출하는 것을 목표로 한다면, 이 같은 일은 반복될 것이다. 독일은 세계적 눈높이에서 보더라도 모범적 산림정책을 보여주고 있는 국가이다. 독일에서 산림정책의 핵심은 '자연 그대로의 보전'이다. 독일 산림정책의 목표는 국민들에게 깨끗한 공기, 맑은 물을 제공하는 것이라고 한다. 보전을 위하여 인공조림 등을 하지 않고 생태학적 원칙에 충실해 관리하고 있다. 전세계에서 수많은 관광객이 찾고 있다.

(2) 국가산림공원: 국유림은 국립공원이 될 수 없다?

생태적 가치를 기준으로 국유림을 국립공원으로 신규지정하거나 편입하기는 어렵다. 그렇다면, 산림청에서 국립공원과 같은 성격의 가칭 '국가산림공원'을 도입하는 것은 어떨까? 생태적 가치가 뛰어난 산림(국유림)을 보전하기 위한 새로운 제도의 도입이 시급하다.

(3) 생물종 기반 소규모 국립공원: 크게 할 수 없다면 작게, 촘촘히

대부분의 국립공원은 '산'을 중심으로 그 지역의 생태적 가치를 포괄하여 지정되고 있다. 지역이 아닌 '생물종'을 기준으로 국립공원을 지정한다면 어떨까? 멸종위기에 처한 아무르표범을 보호하고자 러시아 정부는 연해주 남서부의 중국, 북한과의 접경지역에 있는 3개의 보호구역을 묶어 '표범의 땅 국립공원'으로 지정했다. 반달가슴곰의 주요 서식처인 형제봉 일원을 지리산국립공원의 일부가 아닌 '반달가슴곰의 숲 국립공원' 등으로 지정하는 것도 좋은 방법이라고 생각한다. 반달가슴곰의 숲 국립공원 같은 생물종 기반의 국립공원은 관념의 대상인 '지역'이 아닌, 실존적 대상인 '생물종'을 기준으로 한다는 점에서 의의를 찾을 수 있다고 생각한다.

(4) 사업신청자와 사업허가권자가 같다는 문제

현행법에 따르면 궤도운송법의 적용을 받는 사업의 허가권자는 시장, 군수, 구청장이다. 즉, 사업신청자가 사업허가권을 가지고 있는 셈이다. 난개발을 방지하기 위해서는 허가권자를 국토교통부 장관으로 바꾸어야 한다. 난개발로 인한 사회적 비용뿐 아니라 안전성과 예산 낭비를 막기 위해서도 필요하다고 생각한다.

지리산산악열차반대대책위

지리산 산악열차(하동알프스 프로젝트, 남원 산악열차)를 반대하는 시민들의 모임입니다. 그리고 더 나아가 정부와 기업에서 지속적으로 추진하고 있는 '산림휴양관광정책'의 문제점을 지적하고, 관련 정책의 추진과 이를 위한 입법 활동을 저지하기 위한 활동을 하고 있습니다. 지역의 현안인 산악열차보다도 특별법 제정을 통해 전국의 산림에 굴삭기가 오르게 할 수도 있는 '산림휴양관광진흥정책'에 많은 이들의 관심이 있기를 바랍니다.

지리산산악열차반대 대책위원회

10장

강을 흐르게
하라

신재은

환경운동연합 생태보전국 활동가

2017년 5월, 문재인 대통령은 6호 지시사항을 통해 4대강 16개 보洑[37] 중에 녹조 문제가 심각한 6개 보의 수문 상시 개방과 보 철거 방안을 마련할 평가단을 구성하겠다고 밝혔다. 너무나 기다린 수문 개방 지시. 강을 가로막고 있는 보의 수문을 개방하는 것이 이렇게나 간단한 의사결정인데, 지금껏 굳게 닫혀서 저 강의 생명들을 죽이고 있었나 하는 서러움과 이제 드디어 강이 흐를 수 있겠다는 벅찬 감정이 마음속을 함께 흘렀다.

한반도대운하와 4대강 사업을 멈추라고, 강은 흘러야 한다고 외치는 시간 동안 너무나도 많은 이들의 헌신과 희생이 있었다. 이명박 대통령 집권 초기, 권력의 서슬이 퍼렇던 시절 한반도대운하를 반대하는 전국교수모임에 전국 115개 대학 2,400명의 교수들이 이름을 올렸고, 광우병 소고기 논란으로 비롯된 대규모 촛불집회에 참여한

---

37   하천에서 관개용수를 수로로 끌어들이기 위해 둑을 쌓아 만든 저수시설.

시민들은 정부의 독단적인 대운하 사업을 성토했다. 그러나 사업 선언 후 고작 11개월 만에 공사가 시작되었을 때, 우리는 망가지는 강을 무기력하게 바라볼 수밖에 없었다. 성직자들은 오체투지 순례와 단식기도회에 나섰고, 문수 스님은 뜨거운 불구덩이에 온몸을 내던지는 소신공양을 통해 사업을 중단하라고 촉구했다. 국민 70%가 반대하는 4대강 사업의 강행을 멈추라며 환경운동가들이 보 위에 올라 점거 농성을 하기도 했다.

4대강 사업이 완공된 이후에도 현장을 기록하기 위해 하루가 멀다고 강으로 향했던 수많은 이들의 땀과 노고가 있었다. 이명박 정부라는 정치 권력이 강행한 4대강 사업을 바로잡는 일. 촛불 시민이 맡긴 정치 권력인 문재인 정부가 출범 직후 마땅히 해야 할 일이었다. 문재인 대통령의 6호 지시가 현장에서 집행되기를 간절히 바라고 또 바랐다.

1. 4대강을 복원하겠다는 약속

이명박 전 대통령의 핵심 공약으로 추진된 4대강 사업은 한강과 금강, 낙동강, 영산강의 중·하류에 16개의 보를 만들고, 수심 6미터까지 준설浚渫하여 한반도대운하를 만들기 위한 사전작업이었다. 이명박 전 대통령은 기획재정부, 국토교통부, 환경부 등 행정부처를 총동원해서 일사불란하게 4대강 사업을 추진하는 한편, 국가정보원을 통해 4대강 사업에 반대하는 전문가와 시민단체를 체계적으로, 또 철저하게 탄합하며 사업을 강행했다. 추정컨대 이명박 전 대통령은 당장은 시민들이 반발하더라도 막상 사업을 완공하고 나면 한강처럼 시민공원을 갖추고 배를 띄우는 4대강을 시민들이 좋아해 줄 것이라고 자신했던 것 같다.

하지만 결과는 그의 예상과 달랐다. 4대강 사업 준공 이후 해마다 '녹조라떼' 사태가 일어났고, 금강에서는 수십만 마리의 물고기가 집단 폐사했는가 하면, 큰빗이끼벌레 같은 괴생명체가 나타났고, 그 모습은 시민들을 분노케 했다. 보를 완공하고 시간이 더 흐르자, 많은 이들을 경악케 했던 큰빗이끼벌레조차 금강에서 자취를 감췄는가 하면, 낙동강에서 그나마 잡히던 외래종조차도 사라져갔다.

4대강 사업에 대한 시민들의 분노가 높아지면서, 2017년 치러진 대선에서 문재인, 안철수, 유승민, 심상정 등 주요 대선후보가 모두 '4대강 보 수문 우선 상시 개방, 보 철거와 강 복원 추진'에 대해 찬성 입장을 밝혔다.[38] 문재인 대통령이 임기 초 번호를 매겨가며 발표한 업무지시는 대선 후보 간 공감대가 높았던 사안을 우선순위로 발표했기 때문에 4대강 복원에 대한 정치적 저항은 상당 부분 넘어설 수 있을 것이라는 기대도 있었다. 이제 강을 막아 세우고 있는 저 수문을 서둘러 열고, 쓸모없이 지어진 16개 보를 철거하는 방안을 만들어서, 문재인 정부 임기 안에 단 하나라도 철거하는 선례를 남

---

38   환경운동연합(2016. 4), [보도자료] 19대 주요 대선 후보, 환경연합 제안 28개 환경·에너지 정책 적극 수용

기려면, 갈 길이 바빴다. 하지만 6호 업무지시 이행에 대한 설렘과
기대가 실망으로 바뀌는 데는 그다지 오랜 시간이 걸리지 않았다.

2. 4대강 보, 수문을 열어라

박근혜 정부 당시 감사원 감사 결과에서 언급되었다시피, 4대강
사업은 한반도대운하 논란을 피해 가기 위해 시작한 위장 운하 사
업이었다. 이명박 정부는 운하의 갑문을 만들려고 했던 위치에 보를
만들고, 배를 띄우기 위해서 수심 6m 깊이까지 준설했다. 믿을 수가
없었다. 이 소설 같은 이야기는 단순히 호사가들의 음모론이 아니라
보수 정부의 감사원이 공식적으로 발표한 감사 결과였다.

활동가인 나조차도 대운하를 위해서 용수를 공급할 수도 없고,
홍수도 방어할 수 없는 저 거대한 보를 16개나 만들어서 강물을 가
로막고 있다는 사실을 시민들에게 설명해야 하는 현실에 자괴감이
들 때가 많다. 합리적으로 판단하면 쓰임새조차 없이 유지관리비가
소요되고, 강 생태계를 파괴하고 있는 16개의 보를 철거하는 일은
너무나 당연한 일 같지만, 막상 이를 곧바로 결정하고 결행하기란
쉬운 일이 아니었다. 일단 보의 수문이라도 활짝 열어서 여름철 녹
조라떼를 그만 보고 싶었지만, 그조차도 쉽지 않았다.

대통령 지시사항으로 시행된 보 수문 개방은 개방이라기보다는 수
위 저하에 가까웠다. 수문을 잠시 열어 물을 흘려보냈기 때문에 수위
가 조금 낮아졌지만, 다시 수문을 굳게 닫아서 강물은 고여버렸기 때

신재은

2017년 6월 1일, 낙동강 달성보 수문이 잠시 열렸지만
수위를 조금 내리고는 이내 닫히고 말았다. ⓒ신재은

문이다. 그리고 2021년 현재, 여전히 금강의 세종보와 공주보를 제외한 거의 대부분 보의 수문을 여전히 열지 못하고 있다.

보의 수문을 개방하지 못하는 이유는 보 상류에서 농업용수와 생활용수를 취수하는 취수장과 양수장 시설 때문이다. 어처구니없게도 이 시설들은 보에 물이 가득 차 있는 수위를 기준으로 취·양수하도록 설치되어 있다. 물 컵에 비유하자면, 컵 바닥에 닿아있어야 할 빨대가 물의 표면 가까이에 있는 것과 같다. 보 수문을 열어서 물의 수위가 조금이라도 내려가면 빨대가 허공에 붕 떠 있는 상황이 되어버리는 것이다. 따라서 취·양수장이라는 빨대보다 높은 물의 수위를 유지해야만 하므로, 어떤 경우에도 보의 수문을 꽁꽁 닫아놔야만 한다. 이것은 컵에 물이 아무리 많아도 빨대 아래 물은 수자원으로 활용할 수 없다는 의미와도 같다.

수위를 낮출 때 허공에 뜨는 이 기이한 취·양수 시설은 사실 4대
강 사업 부실 공사의 결과물이다. 2018년 7월 발표된 감사원의 감
사 결과에 따르면, 4대강 사업 추진 당시 취·양수장은 '농업생산기반
정비사업 계획설계기준'과 '하천설계기준'에 따라 수원의 수위 변동
을 고려하여 최저수위에서도 펌프 운전이 가능하도록 설계되어야
했다. 즉, 빨대가 컵 바닥까지 언제나 닿아있도록 만들었어야 한다
는 의미다. 보라는 시설에 수문을 만든 이유는 필요할 때 수문을 열
기 위해서인데, 수문을 열어서 수위가 내려가더라도 인근 취·양수장
이 정상적으로 작동되어야만 하기 때문이다.

특히, 보의 수문은 홍수·폭염 시기에는 반드시 개방해야만 한다. 하
지만 홍수와 폭염에 따라 보를 둘러싼 양상은 달라진다. 우선 홍수의
경우, 보는 다목적댐과는 달리 홍수조절기능이 전혀 없어서 강수가 시
작되면 유수 흐름에 방해가 되지 않도록 즉시 수문을 전면 개방해서
물을 흘려보내야 한다. 이 경우는 강물의 유량이 늘어나기 때문에 수
문을 개방해도 양수나 취수에는 문제가 되지 않는다.

하지만, 폭염의 경우 상황은 다르다. 4대강 사업의 아이콘과도 같
은 '녹조라떼'는 독성 남조류 발생 현상으로, 이 남조류는 유속, 일
사량, 영양염류, 수온이라는 네 가지 조건이 모두 갖춰질 때 발생한
다. 그래서 일사량과 수온이 높아지는 여름철이면, 보에 갇혀있는
강물에 남조류가 대량 발생하는 것이다. 보통 남조류 수치가 밀리미
터당 3~5만 셀cell을 넘어가면 녹조라떼처럼 보일 정도로 짙은 녹색
이 되는데, 2018년 폭염 당시 낙동강 합천보 일대는 밀리미터당 126

신재은

2018년 폭염당시 심각한 녹조로 인해 수돗물 생산
중단위기를 겪은 부산 덕산 정수장 ©신재은

만 셀까지 남조류 수치가 치솟았다. 당시 녹조 곤죽이 된 낙동강의 덕산 정수장은 수돗물 정수가 불가능한 지경이 되었다. 마침 태풍 솔릭Soulik이 상륙하면서 비가 온 덕분에 유속이 높아졌고, 일사량과 수온이 내려가면서 녹조가 사라졌다. 그리고 그 덕에 최악의 단수 사태만은 피해갈 수 있었다. 하지만 솔릭이 하루라도 늦게 상륙했더라면 부산 수백만 시민이 제한급수를 해야 할 뻔한 일촉즉발의 위험한 상황이었다.

극심한 폭염이 도래할 경우, 녹조 대발생을 피하기 위해 인간이 할 수 있는 일은 기우제를 지내거나, 수문을 열어서 강의 유속을 높이는 것뿐이다. 취수장과 양수장을 개선하면 언제든 수문을 열 수 있지만, 문재인 정부 임기를 채 1년도 남기지 않은 시점인 지금도 한강과 낙동강에 소재한 대부분의 취·양수 시설의 개선공사는 착공조차 이루어지지 않고 있다.

강을 흐르게 하라

말단의 문제가 본질의 문제를 가로막고 있다. 수문 개방을 가로막고 있는 취수장과 양수장은 4대강 사업 이전에도 이미 있었고, 4대강 사업 과정에서 조정된 시설일 뿐이다. 그런데, 이 시설들이 강력한 올가미가 되어 4대강 복원의 발목을 잡고 있다. 강을 가로막는 이 거대한 구조물이 생기고, 그 안에 물이 차오르자 이들이 강의 주인이 되어버렸다. 보와 취·양수 시설 그 자체가 기득권이 된 것이다. 앞으로 기후위기로 인해 홍수나 폭염 같은 재해의 위험은 점점 커질 것으로 예상된다. 지금 서둘러 수문 개방을 위한 조치를 시작하지 않는다면, 언제 낙동강 단수 사태를 또다시 맞이하게 될지 우려하지 않을 수 없다.

3. 금강에서 만난 작은 희망

4대강 복원의 속도는 터무니없이 느리지만, 성과가 전무한 것은 아니다. 금강과 영산강의 일부 보에서는 유의미한 수문 개방이 있었다. 특히, 취수장과 양수장이 없는 세종보의 경우, 2017년 11월 가장 먼저 수문을 개방해서 지금까지 상시 개방하고 있다. 수문 개방 초기에는 보 상류에 침전된 유기물질이 뻘처럼 쌓여있다가 드러나면서 악취·경관 관련 민원이 발생하기도 했다. 하지만 시간이 흐르자, 강은 자기 자신을 복원하고 치유하기 시작했다.

복원된 강은 녹조부터 현저히 줄어들었다. 앞서 이야기한 것처럼 2018년 유례없는 폭염이 닥치면서 낙동강은 심각한 녹조로 인해 수

2020년 홍수가 지나가자 수문 개방중인 금강에 모래톱이 곱게 쌓였다. ⓒ신재은

공주보 수문 개방 이후 강변에 물떼새가 알을 낳기 시작했다. ⓒ신재은

강을 흐르게 하라

둣물 단수 위기까지 겪어야 했지만, 세종보에서는 녹조라떼가 사라졌다. 환경부는 2019년 보도자료[39]를 통해 금강과 영산강의 경우, 예년 대비 녹조 발생량이 각각 95%, 97% 감소했다고 밝히기도 했다. 맨눈으로 보기에도 확연히 달라진 모습이었다. 여름에는 짙은 녹색이고, 평상시에도 짙은 간장색이었던 금강은 언뜻 봐도 맑은 물이 흘렀다. 수문 개방 이후 여러 차례 홍수기가 지나자 세종보와 공주보 상류의 강이 휘돌아 흘러가는 퇴적 사면에는 귀한 모래가 다시금 돌아왔다. 강물이 흐르면서 녹조도 대부분 사라졌지만, 단순히 녹조만 사라진 것은 아니다. 강바닥에 쌓여있던 유기질 뻘이 쓸려 내려가고 대신 그 자리에 쌓인 깨끗한 모래가 다시금 강물의 자정 작용을 돕는 선순환이 이루어진 것이다.

이렇게 강이 회복되자 금강에서는 멸종위기 야생생물 1급 민물고기인 흰수마자[40]가 돌아왔다. 흰수마자는 모래가 쌓인 여울에 사는 한국의 고유종이다. 4대강 사업으로 강이 가로막히고 대규모 준설이 이루어지면서 서식지를 잃고 2012년 이후 금강 본류에서 사라졌던 녀석들이다.

---

39   보 개방 수준에 따라 녹조발생 차이 뚜렷하게 나타나
     https://me.go.kr/home/web/board/read.do?boardMasterId=1&boardId=1095
     670&menuId=286
40   고운 모래로 이뤄진 하천의 바닥에서 살아가는 민물고기로 한강, 임진강, 금강, 낙동강 수계에 분포하는 한국 고유종이다. 긴 입수염이 흰색이라서 흰 수염의 민물고기라는 뜻의 흰수마자로 불린다.

신재은

금강에 돌아온 흰수마자 @신재은

　금강과 영산강에서 보여준 보 수문 개방의 성과는 그야말로 작은 희망이다. 4대강 사업으로 고인 물은 썩는다는 상식을 확인했듯이, 수문을 열어서 강물이 흐르면 강이 되살아난다는 상식을 확인한 것이다. 인간이 해야 할 일이란 강에서 인공 구조물의 영향을 최소한으로 줄이는 것뿐이었다. 강은 자기 힘으로 자기를 치유했다.

　2019년 2월, 환경부 4대강조사평가기획위원회는 금강과 영산강 보 수문 개방 모니터링 결과를 근거로 세종보 등 5개 보의 향후 처리방안을 발표했다. 위원회는 보의 안전성과 경제성, 수질·수생태, 이수利水·치수治水 등의 항목을 종합적으로 검토해, 세종보와 죽산보 해체, 다리로 이용되는 공주보의 부분 해체, 백제보와 승촌보의 상시 개방을 제시했다. 완공된 지 채 10년도 되지 않은 거대한 보를 해체한다는 결정이었다. 세계적으로 수많은 댐 철거가 이루어지고 있지만, 고작 10년 된 보를 철거하는 일은 유례가 없다. 보통은 건설된 지 오래되어 경제성이 떨어지는 시설이 주로 철거 대상이 되는

데, 4대강 보는 운하를 위해 만들어진 시설이라 노후되지 않은 상태임에도 경제성은 부족해 철거 대상이 된 것이다.

금강과 영산강의 5개 보 처리방안은 2020년 9월 금강과 영산강 유역물관리위원회를 거쳐 2021년 2월 국가물관리위원회에서 의결되었다. 환경부 4대강조사평가기획위원회가 처리방안을 제시한 지 2년 만이고, 대통령 6호 지시사항이 발표된 지 4년 가까운 시간이 흐른 뒤였다.

4. 정부와 여당은 4대강 복원이 두려웠나?

4대강 자연성 회복(재자연화)이라는 국정과제는 더디게 왔고, 여전히 더디게 가고 있다. 16개 보 중 2개의 보만이 수문을 개방했고, 5개 보에 대해서만 처리방안을 겨우 확정 지었다. 나머지 9개의 보는 그대로 두자는 것인가? 4대강 국정과제의 실행이 더딘 것은 정치적 의지와 역량의 부족 때문이지 다른 이유에서가 아니다. 문재인 정부에서 4대강 자연성 회복은 표가 되지 않는 공약이자 리스크 관리 대상일 뿐이었다.

나아가, 청와대는 4대강조사평가기획위원회가 제시한 금강과 영산강 보 처리방안을 유역물관리위원회와 국가물관리위원회를 통해서 결정하겠다며 절차를 잔뜩 만들었다. 또, 이들 위원회에는 4대강 사업에 앞장섰던 보수적 성향의 전문가들을 포진시키면서도 시민사회의 참여는 철저하게 가로막았다.

신재은

이낙연 전 국무총리는 금강 물을 쓰지도 않는 가짜 농민들이 야당 정치인 지지그룹임을 알면서도 환경부에 "마지막 농민들까지 모두 설득하라"고 지시하며 수문 개방 추진의 발목을 잡았다. 정세균 전 국무총리 역시 유역물관리위원회에서 보 처리방안을 확정하기 전에 지역 여론조사를 다시 하라고 지시했다가, 보 철거 여론이 더 높아지자 결과를 감추고 회의 개최조차 뭉개버렸다. 이해찬 전 더불어민주당 대표는 야당 국회의원 시절 지역구에 소재한 세종보는 정말 쓸모없는 시설이니 먼저 해체하자고 강력하게 주장하더니, 이춘희 세종시장이 세종보 철거에 반대하자 환경부 장관 등을 불러 모은 자리에서 세종보 철거를 신중히 생각하라고 종용하며 기존 입장을 철회했다. 4대강 사업 반대 목소리를 높이던 더불어민주당 정치인들은 환경단체를 향해 정말 보를 철거할 생각이냐며 되묻기까지 했다.

청와대와 더불어민주당은 4대강 복원 사업이 성공할까 봐 노심초사하는 이들처럼 보일 지경이었다. 문재인 대통령은 4대강 이슈는 기억에서 지운 듯 말이 없었고, 조명래 전 환경부 장관은 이 모든 허들을 가뿐히 넘어갈 힘이 없었다. 4대강 국정과제 시행이 더딘 발걸음을 보일 수밖에 없었던 사정의 이면이다.

하지만 시민들의 인식은 달랐다. 2020년 여론조사 결과를 보면, 시민들은 여전히 4대강 사업에 대해 확연히 반대하며 환경부의 보 철거 제시안에 월등히 찬성하는 모습을 보였다. 흥미로운 것은 전 국민 대상 결과보다 보 인근 지역 주민들의 복원 여론이 더 높았고,

특히 가장 오랜 시간 상시 개방을 통해 복원 가능성을 보여준 세종보의 경우 환경부 보 처리방안에 대한 주민들의 지지여론이 2019년보다 더욱더 높아졌다는 점이다.

정부가 보수 야당과 보수언론이 아니라 금강의 모래와 흰수마자, 시민들을 바라보고 의연히 전진했더라면 어땠을까? 하지만 정부는 그럴 의지가 없었고, 끊임없이 좌고우면左顧右眄을 거듭할 뿐이었다.

5. 강 복원-미국과 유럽의 경우

보 철거를 통한 4대강 복원은 이명박 전 대통령에 대한 복수전이 아니다. 미국과 유럽의 경우, 보와 댐의 철거는 하천 생물다양성을 복원하는 가장 중요한 환경정책이다. 세계자연기금WWF이 발표한 「살아있는 지구 보고서Living Planet Report 2020」[41]에 따르면, 1970년부터 2016년까지 전 세계 생물종은 평균 68%가 감소한 것으로 나타났다. 기후위기와 서식지 손실로 인한 이러한 생물다양성 위기는 '6차 대멸종'이라고 불릴 정도로 우리 시대의 심각한 문제이다. 생물종의 감소는 특히 열대 지역과 담수생태계에서 두드러지게 나타나고 있다. 전 세계적으로 민물고기는 평균 76%가 감소했는데, 서식지 파괴와 과잉개발의 영향이 크다. 특이하게도 미국의 경우 26%로 감소 폭이 적었는데, 이는 지난 100년 동안 이어진 댐 철

---

41 https://livingplanet.panda.org/

신재은

거의 영향이다.

미국은 1912년부터 2020년까지 1,797개의 크고 작은 댐을 철거해왔다.[42] 이중 역사상 가장 큰 댐 철거 프로젝트는 엘와Elwha 강 복원 사업이다. 엘와 강에 있는 높이 64m의 글라인즈 캐니언Glines Canyon 댐과 높이 33m의 엘와 댐을 철거해서 연어와 같은 회유성 回游性 어종을 복원한 사례다. 2011년에 엘와 댐이, 2014년에 글라인즈 캐니언 댐이 철거되자 강이 복원되었고, 연어가 돌아왔다. 지역의 토착원주민은 연어와 함께 강의 문화와 역사를 되찾았다.

미국은 더 큰 규모의 강 복원 프로젝트를 시작하고 있다. 바로 클라마스Klamath 강 복원 사업이다. 1909년부터 1962년까지 퍼시픽코프 에너지PacifiCorp가 지은 네 개의 댐을 동시에 철거하는 역사상 최대 규모의 하천 복원 사업이다. 이 사업으로 캘리포니아주와 오레곤주를 흘러가는 클라마스 강의 6개 댐 중 4개가 2024년까지 해체될 예정이다. 클라마스 강은 댐 건설 이후 심각한 남조류 발생으로 인해 연어 수가 급감했고 토착원주민의 삶도 함께 망가졌다. 클라마스 강의 네 개의 댐이 철거될 경우 연어들은 480km가 넘는 자기들의 서식지를 되찾게 될 것이다.

메사추세츠 주의 연구 결과[43]에 따르면 댐 철거 사업은 생태적으

---

42 https://www.americanrivers.org/threats-solutions/restoring-damaged-rivers/

43 Economic Benefits from Aquatic Ecological Restoration Projects in Massachusetts, Mass gov, 2015

미국 엘와강 하구에서 바라본 올림픽국립공원 ©이철재

신재은

엘와강 댐 상류 저수지에 잠겨있던 하상이 드러나 회복된 모습 ⓒ이철재

로만 유익한 것이 아니다. 사업에 100만 달러를 지출할 때마다 12.5
개의 일자리가 만들어지고, 지출 100만 달러 당 175만 달러의 경제
적 생산 효과가 발생하기 때문이다. 그리고 홍수 저감과 수질 개선,
경관 개선으로 인해 생태계서비스 가치도 증가한다. 복원된 강변의
습지는 탄소를 저장하게 될 것이다.

유럽 역시 2020년까지 4,984개의 크고 작은 댐을 철거해왔
다.[44] 2020년 5월 유럽 연합이 발표한 「2030 생물다양성 전략
Biodiversity strategy for 2030」[45]보고서는 담수생태계 생물다양
성을 위한 해법으로, 2030년까지 25,000km의 강을 자유롭게 흐르
도록 만드는 계획을 제시하고 있다. 유럽의 강에 약 1km마다 1개의
구조물barrier이 있다는 점을 감안하면, 앞으로 10년간 약 25,000
개의 댐이나 보를 철거하겠다는 그야말로 야심 찬 계획이다.

6. 출발선에 서서, 멀리 바라보며

그렇다면 우리 사회는 어떨까? 2006년 환경부가 공릉천에서 용
도 없이 방치된 농업용 보 철거 시범사업을 추진했지만, 4대강 사업
이 시작되면서 댐이나 보 철거를 통한 강 복원 사업은 자취를 감추
고 말았다. 당시 공릉천 시범사업을 추진했던 연구팀을 포함해서 국

---

44 https://damremoval.eu/dam-removal-map-europe/

45 https://ec.europa.eu/environment/strategy/biodiversity-strategy-2030_en

신재은

내의 거의 모든 강 전문가들이 4대강 사업에 총동원되었기 때문이다. 그렇기에 4대강 문제를 바로잡지 않는 한 앞으로 단 한 걸음도 나아갈 수 없는 상황이 되고 말았다. 그 많은 전문가와 공무원들이 4대강 사업에 참여한 자신의 과오를 정당화하기 위해 강 복원 사업 일체를 발목 잡는 이해당사자가 되어버렸기 때문이다.

그러니까 우리는 이제 겨우 출발선에 서 있는 셈이다. 금강과 영산강의 수문이 개방되고 국가물관리위원회가 5개 보에 대한 처리 방안을 확정하는 과정에서 이제 겨우 새로운 시도들이 싹트기 시작했다. 80년대에 건설되어 4대강의 하구를 가로막고 있는 하구둑을 개방하자는 논의가 활발해졌고, 낙동강의 경우 2020년엔 하구둑 개방 실험이 시작되었다. 소규모 농업용 보 철거 사업도 2021년 신규 편성되었다. 농업용수 공급을 위해 만들어졌지만 쓰임새를 잃고 방치되었던 농업용 보를 철거하는 사업이다.

하지만 오늘날 우리 사회에는 4대강 사업과 한반도 대운하 건설을 옹호해온 보수 정치인들이 득세하고 있다. 보수 야당뿐만 아니라 선거마다 4대강 복원을 약속했던 집권 여당 안에도 여전히 개발주의자가 다수이다. 개발에 대한 확고한 의지는 생태계 보전과 복원 사업은 돈이 되지 않는다는 경험에서 비롯된 것이다.

그러나 그들이 미처 모르는 것이 있다. 앞으로 우리가 살아가게 될 세상은 이제까지 우리가 살아온 세상과는 퍽 다를 것이라는 점 말이다. 이제 막 꿈틀대기 시작한 강 복원의 정책이 현 정권 임기 몇 년간의 일장춘몽으로 끝나서는 안 되는 이유다.

코로나 팬데믹은 왜 자연을 보호하고 복원해야 하는지, 그 이유를 극명히 확인하게 해준 계기였다. 그리고 이 교훈은 기후위기와 생물다양성의 위기를 극복하려는 노력으로 이어져야 한다. 그러나 개발로 발생하는 눈앞의 손쉬운 이익을 누려온 기업들과 정치인, 전문가, 공무원, 언론 등 수많은 기득권 집단들이 기존의 강 개발 사업을 굳건히 떠받치고 있다. 즉, 4대강 사업을 만들어낸 것은 이명박이라는 하나의 괴물이 아니다. 그는 토건 사업을 대변해온 수많은 정치인 가운데 한사람이었을 뿐이다. 4대강 사업 역시 강을 개발하고 착취해서 이익을 보려는 수많은 이들의 욕망을 담아낸 하나의 그릇이었을 뿐이다.

새로운 변화를 실질적으로 추진할 수 있는, 힘 있는 주체 없이 시민들의 상식과 염원만으로는 기득권 집단의 이해관계로 움직여온 사업을 바로잡기란 결코 쉬운 일이 아닐 것이다. 다시 말해, 사태가 바뀌려면 새로운 정치 세력의 등장이, 새로운 정치가 필요하다. 그와 더불어, 우리 사회의 경우 강 복원 성공의 경험이 미진하다는 문제도 있다. 그러기에 기득권의 저항을 넘어 강을 복원하고 보전하는 데 필요한 행정적·학술적 기반을 세우는 일도 긴요하다. 정말로 우리가 개발주의를 극복하며 새로운 사회로 이행하고자 한다면 가장 먼저 넘어야 할 벽은 다름 아닌 4대강 사업이라는 괴물일 것이다.

모든 강물은 낮은 곳으로, 더 낮은 곳으로 흘러서 바다로 가고자 한다. 강은 굽이치며 흐르고, 침식하고, 모래를 내려놓고 쉬기도 하면서, 바다까지 달려간다. 특히 우리나라는 대륙 동안東岸의 계절풍

신재은

지대에 자리 잡고 있어서 여름과 겨울의 강의 유량 차이가 매우 크고, 한강과 금강, 영산강을 비롯한 대부분의 강의 하구는 조차潮差가 큰 서해의 영향을 받아 하루에도 두 번씩 오르락내리락하며 넓은 기수역汽水域[46]을 형성한다. 이처럼 대한민국의 강은 역동적으로 생동하면서 한반도의 생명을 품어주는 푸른 심장과도 같지만, 지금은 콘크리트 벽에 갇혀 숨을 헐떡이고 있다. 대한민국은 4대강 사업으로 인해 흐르는 강을, 강의 수많은 생명을, 그리고 공동체의 가장 귀한 자산인 사회적 신뢰를 잃고 말았다. 그러나 아주 늦고 만 것은 아니다. 강은 흘러야 한다. 기본의 정립, 상식의 회복을 통해 물 정책의 정상화를 이루어야 한다. 콘크리트 벽을 넘어서, 자유롭게 흐르는 강을, 강과 함께 하는 삶을 눈을 감고 그려본다.

신재은

2008년, 4대강 사업에 '진심이었던' 이명박 대통령의 임기 시작과 동시에 환경운동연합에서 강 운동을 시작했다. 남한강 상류인 충북 제천에서 태어나서 시골 소녀로 자랐고, 동국대학교 지리교육과에 입학해서는 유람선이 떠다니고 야경이 화려한 한강을 동경했다. 4대강 사업을 계기로 고향 제천에서 보던 자연스러운 강의 가치를 깨닫고, 댐 철거를 통한 강 복원에 몰두하고 있다. 한강 하구를 가로막고 있는 신곡수중보 철거, 4대강 자연성 회복, 예산 감시 운동 등을 주로 해왔으며, 강을 복원하기 위해 다양한 사람들을 가리지 않고 만나는 것을 좋아한다.

---

46 강어귀와 같이 민물과 바닷물이 서로 섞이는 구역.

북펀딩 참여자 (가나다 ABC 순)

고니 고윤철 공상가 공지원 구예림 김강민 김낙영 김남운 김만호 김미경 김민정 김수나 김영준 김예진 김원 김정도 김종백 김지현 김진수 김태현 김하종 김현영 김형태 김혜정 꽃보라 ㄴㄹㅁ 나미순 나비 나유진 (사)노을공원시민모임 도리도리 따스민 로이 릴라 모하구이써 문지영 박미현 박은수 박준성 박중구 박혜정 백세영 보라 복진오 삼막골 샷트바 새봄 생강나무 서정주 쇼콜라 신주희 아침바다 악양댁 안나영 안숙희 양경모 양익화 에코베리 엘리스 염형철 오랑캐 오리나무 옹글 원동일 윤주옥 이민형 이상준 이상헌 이상홍 이오이 이우만 이정희 이준 이지현 인생무상 일상다반사 임지연 자아도취 자연에빠지다 자주 작은별 장동엽 장현예 저어새 정미란 정성원 정은혜 정태준 조병준 조수인 조현정 쥬야 지현 짱구 최영식 최용 최준호 최풍만 쿵짝이 푸른나무 푸른낙타 한미선 한세현 해독제 현주짱 호랑이 황경미 황유미 흰목물떼새 bolivian dearvancity ecoedu Eugene Cho famologist FEELGAGA Imagine Michelle Lim Yunjung

그린뉴딜과 신공항으로 본

대한민국 녹색시계

2021년 6월 18일   1판 1쇄 발행

지은이 강수돌, 김현지, 신재은, 윤상훈, 이무진, 이성근, 이영경, 이헌석,
　　　　 지리산산악열차반대대책위, 홍수열
펴낸곳 산현재 (傘玄齋)
등록번호 제2020-000025호
주소 서울시 영등포구 선유로 3길 10, 907호 (하우즈디비즈)
이메일 thehouse.ws@gmail.com
인스타그램 wisdom.shelter
디자인 조주영

ISBN　979-11-972105-1-8　03330